KB047201

마케팅은 생존이다

마케팅은 생존이다

2015년 12월 10일 초판 1쇄 발행
2022년 12월 12일 초판 3쇄 발행

지은이 조서환, 추성엽
펴낸이 김은경
편집 권정희, 이은규
마케팅 박선영
경영지원 이연정
펴낸곳 ㈜북스톤
주소 서울특별시 성동구 성수이로20길 3, 6층 602호
대표전화 02-6463-7000
팩스 02-6499-1706
이메일 info@book-stone.co.kr
출판등록 2015년 1월 2일 제2018-000078호

ISBN 978-89-954638-5-5 (03320)

- 이 도서의 국립중앙도서관 출판예정도서목록(CIP)은 서지정보유통지원시스템 홈페이지(http://seoji.nl.go.kr)와 국가자료공동목록시스템(http://www.nl.go.kr/kolisnet)에서 이용하실 수 있습니다.(CIP 제어번호: CIP2015030884)
- 책값은 뒤표지에 있습니다. 잘못된 책은 구입처에서 바꿔드립니다.

북스톤은 세상에 오래 남는 책을 만들고자 합니다. 이에 동참을 원하는 독자 여러분의 아이디어와 원고를 기다리고 있습니다. 책으로 엮기를 원하는 기획이나 원고가 있으신 분은 연락처와 함께 이메일 info@book-stone.co.kr로 보내주세요. 돌에 새기듯, 오래 남는 지혜를 전하는 데 함께하겠습니다.

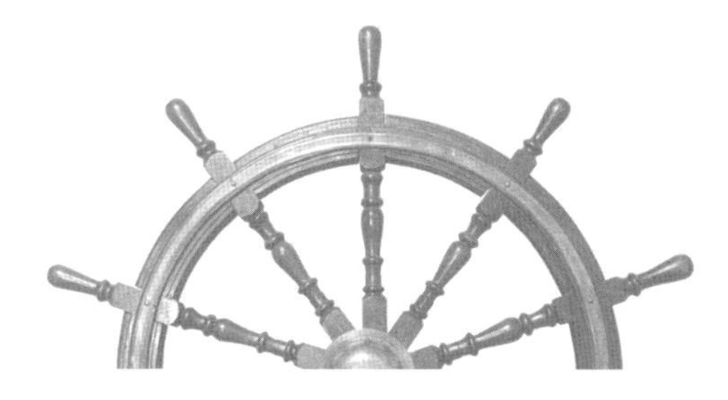

마케팅은 생존이다

마케팅 대가 조서환의
리더를 위한 마케팅 실전전략

조서환 · 추성엽 지음

북스톤

PART 2 마케팅 전략을 설계하라

실전 경쟁력을 재점검하라

프롤로그

리더는 누구나 마케터다

시장에서의 경쟁이 더욱 치열해지고 있다. 국경의 벽을 넘어선 지는 이미 오래, 이제는 다른 업종에서도 느닷없이 경쟁자가 출몰하고 있다. 단적인 예가 샤오미다. 이들이 스마트폰을 출시할 때까지만 해도 세상 사람들은 그저 '애플 바라기' 정도로만 인식했다. 그러나 지금은 IoT의 흐름을 타고 TV 같은 가전제품은 물론 체중계에 운동화까지 생산하고 있다. 화훼사업에 손을 댈 것이라는 기사도 보인다. 당신이 꽃을 키워 판다고 가정해보자. 어느 날 등장한 경쟁자가 첨단 IT기술로 무장한 샤오미라면 당신은 어떻게 대응하겠는가?

이처럼 국경과 업종을 넘어 경쟁이 퓨전화되고 있는 상황에서 리더로서 새로운 활로를 찾기란 여간 어려운 문제가 아니다. 과연 어디서부터 어떠한 전략으로 시장을 공략해야 할까? 이러한 CEO들의 고민에서 이

책의 집필은 시작됐다.

지금까지 마케팅 현장에서 경험하고 컨설팅을 해오는 동안 우리는 많은 CEO와 리더들을 만나고 이들의 고민을 엿볼 수 있었다. 그들의 고민을 한 문장으로 압축하면 다음과 같다.

'제품은 자신 있다. 그러나 어떻게 팔아야 할지 모르겠다.'

한마디로 마케팅 역량에 대한 고민이다. 이 책은 바로 그런 분들을 위해 썼다. 리더를 위한 마케팅 전략서로서, 임직원들과 함께 읽고 현장에 활용할 수 있도록 마케팅의 큰 틀과 반드시 짚어야 할 디테일을 다루었다.

많은 경영자들이 하는 착각이 있다. 상품이 좋으면 어떻게든 팔린다는 것이다. 물론 아주 틀린 말은 아니다. 그러나 어폐가 있다. 뛰어난 품질은 판매의 필요조건이지 충분조건이 될 수는 없기 때문이다. 마케팅 전략의 기본으로 꼽히는 4P의 첫 번째 요소가 바로 '상품(product)'이다. 상품이 전부가 아니라, 상품 또한 마케팅의 일부라는 것이다. 그런데도 제품 지상주의를 외치며 생산에만 열중하다가 다 만들고 나서야 뒤늦게 마케팅을 고민하는 이들이 여전히 너무 많다.

마케팅은 단순한 경영전략이 아니다. 매우 다양하고 복잡한 변수들이 다방면에서 영향을 미친다. 상황마다 결과물이 다르고, 시점이나 이를 주도하는 사람에 따라서도 성과물은 달라질 수 있다. 그렇기에 더욱 중요해지는 것이 리더의 마케팅 의사결정이다.

기업에서 최고경영자의 파워는 참으로 막강하다. 제품의 가격이나 프로모션, 유통전략, 브랜드 출시에 이르기까지 마케팅 성패에 직접적으로 영향을 미치는 가장 중요한 선행변수다. CEO가 마케팅을 어떠한 관점에서 접근하고 실행하느냐에 따라 기업의 마케팅 성과물은 크게 달라질 수밖에 없다.

그런데 가만히 보면 마케팅에 대해 아무런 지식이나 경험이 없는 CEO가 마케팅 의사결정을 내리는 기업이 적지 않다. CEO가 마케터 출신이 아니니 어쩔 수 없다고 할지도 모르지만, 이는 매우 위험하다.

기업의 마케팅 역량을 강화하는 첫 번째 요건은 리더가 명석한 마케팅 철학을 갖는 것이다. 마케터 출신이든 아니든, 의식 있는 리더들은 마케팅을 구성하는 전체 환경을 제대로 간파하고 그에 따라 의사결정한다. 그리고 이러한 기업들에는 뚜렷한 공통점이 있다. 바로 막강한 브랜드 파워로 시장을 리딩한다는 점이다.

이 책은 기업 CEO 및 임직원들이 마케팅을 이해하고 실행하는 데 도움을 줄 수 있는 핵심적인 콘텐츠로 구성했다.

1장에서는 마케팅 전략방향과 비전을 주제로 리더의 마케팅 철학이 왜 중요한지를 설명한다. 특히 기업의 이미지와 직결되는 CI전략과 브랜드, 인재의 중요성을 집중적으로 다루었다. 2장에서는 모든 기업과 마케터가 꿈꾸는 히트상품 개발에 대한 전략을 서술했으며, 이를 구현할 수 있는 마케팅 조직을 어떻게 설계할지 제시했다. 아울러 리더로서 시장의 판세를 읽기 위한 시장세분화와 타기팅 전략을 다루면서 '제품' 자체의 속성에 대해 살펴봄으로써 자사 상품을 오롯이 이해할 수 있도록 안내했다. 3장에서는 마케팅 실행전략의 일환으로 가격과 유통에 대한 핵심을 짚으면서 빅 브랜드를 위한 TV 광고에 대해 깊이 있게 소개했다. 또한 분야를 막론하고 리더라면 반드시 알아야 할 PR의 실체와 프로모션 전략을 다루었다.

오늘날의 경영에서는 마케팅 목표가 곧 경영의 목표로 인식되고 있다. 기업의 목표는 시장에서 경쟁력을 확보해 지속가능한 성장을 구현하는 것이다. 이를 위해 수많은 기업들이 조직을 세분화하고 영업망을 구축해 지금 이 순간에도 시장을 공략하고 있다. 이를 체계적으로 실행하기 위해 꼭 필요한 것이 마케팅 전략이다. 그리고 이 모든 것을 최종 결정하고 궁극적으로 책임지는 사람이 바로 리더다. 그러한 무게감을 인식하고 그에 걸맞은 마케팅 철학과 전략을 갖추기 위해 정진하는 모든 리더들께 존경의 인사를 드리며, 자, 이제 본격적으로 시작해보자.

조서환·추성엽

PART 1

마케팅 철학을 정립하라

CHAPTER 01

리더의 마케팅 철학이 곧 기업의 전략이다

기업 경영을 흔히 파도가 거센 항해에 비유하곤 한다. 바다에서 일기예보에 전적으로 의지하는 것은 어리석다. 언제 어디에서 풍랑이 일고 암초를 만날지 예상하기 어렵기 때문이다. 선장은 이 모든 난관을 극복하고 목적지에 도달할 수 있는 희망과 비전을 제시하는 사람이다. 현대 경영에서 요구하는 CEO의 역할 또한 선장과 다르지 않다. 선장인 CEO의 역량과 캐릭터에 따라 기업이 좌초할 수도 있고, 원하는 목적지에 빠르고 안전하게 도달할 수도 있다.

선박에 탑승한 선원들은 조직적으로 업무가 세분화돼 있다. 기업도 마찬가지다. 기업은 살아 있는 시스템이다. 급변하는 시장환경에 대처하면서 지속가능한 성장을 실현하려면 기업이 항상 깨어 있어야 한다. 조직 전체가 살아 꿈틀거려야 한다는 말이다.

대부분의 기업은 재무·인사·마케팅·영업 이외에도 R&D나 생산, 구매 등의 본부로 조직화돼 있다. 기업이 추구하는 목표를 더욱 효율적으로 달성하기 위해서다. 본부 단위의 조직을 좀 더 세분화하면 팀이나 파트로 나뉜다. 그러나 조직이 몇 단계로 나뉘든 결국 '사람'으로 구성된 집합체다. 궁극적으로 기업의 모든 문제의 원인과 해답은 사람에게 있다는 말이다.

그중에서도 리더의 위상은 절대적이다. 리더의 성향과 역량에 따라 조직의 거의 모든 것이 결정된다. 개인의 인품을 결정하는 것은 본인이지만 조직의 팀 컬러를 결정하는 것은 팀장이다. 팀장의 능력과 스타일에 따라 팀 분위기가 달라진다. 팀이 모여 만들어진 사업본부의 분위기는 본부장의 리더십이 결정한다. 그렇다면 기업에서 조직 전체의 문화와 컬러를 결정하는 핵심인물은? 당연히 CEO다. CEO의 경영철학이 기업의 문화와 스타일을 결정한다. 개성을 존중하고 상대적으로 분위기가 자유로운 외국 기업과 비교할 때 국내 기업에서 CEO의 영향력은 더욱 절대적이고 막강하다.

CEO의 캐릭터를 결정하는 변수는 여러 가지가 있겠지만, 조직에서는 특히 두 가지가 중요하다. CEO의 출신부서와 전문경영인인지 여부다. CEO가 R&D 부서 출신인지 영업팀 출신인지 재무팀 출신인지에 따라 조직 전반에 기술이 중시될 수도 있고 현장을 중시할 수도, 또는 자금의 흐름에 유독 민감할 수도 있다. 그에 따라 기업이 추구하는 경영전략도 크게 달라진다.

이보다 더 중요한 것은 전문경영인 이슈다. 해마다 경영성과를 평가

받아야 하는 전문경영인과 이로부터 비교적 자유로운 오너 경영자는 의사결정 자체가 판이하게 다르다. 아무래도 전문경영인들이 단기적인 경영성과에 크게 집착한다면 오너 경영자는 상대적으로 중장기전략과 기업의 대외적인 이미지 구축에 관심이 많다.

그러나 출신부서가 어떻든 상관 없이, 최근 의식 있는 CEO들 사이에 공통된 견해가 형성되고 있다. 마케팅이 기업의 생존을 결정하는 '핵'이라는 공감대다. 시장환경이 급변하고 경쟁이 치열해지면서 마케팅 목표가 곧 기업의 경영목표가 되는 상황으로 치닫고 있는 것이다.

마케팅이 경영의 화두로 떠오른 이유는 간단하다. 수요가 공급을 초과하던 과거 '100인 1색 시대'에서 '1인 100색 시대'로 소비자 욕구가 다변화되면서 기업들이 국경이나 사업영역을 초월해 경쟁하고 있기 때문이다. 이에 따라 CEO들은 마케팅이 생존을 위한 필수적 수단임을 인식하기 시작했고, 그런 기업에서는 부서를 막론하고 모든 임직원들이 고객의 가치창출을 위한 마케팅 마인드로 무장하게 되었다. 과거에는 특별한 노력 없이도 영업이 가능했을지 모르지만, 지금은 마케팅 지원 없는 영업은 생각조차 힘들다. 경영의 패러다임이 브랜드를 중심으로 급격히 재편되고 있기 때문이다.

그런데도 여전히 지나치게 매출에 의존해 경영을 펼치다가 어려운 상황에 봉착하는 기업들도 적지 않다. 매출을 의식한 단기성과에 집착하면 과도한 가격할인이나 판촉, 인센티브 정책을 남발하게 된다. 그러다 보면 브랜드 로열티가 떨어지고, 결국 매출이 발생하지 않는 악순환으로 이어진다. 많은 기업들이 이러한 구조에 빠져 허덕이고 있다. 그들이 라고 이 단순한 구조를 모르지는 않았을 터다. 매출에 쫓기다 보니 영업지향적인 사고로 기업을 경영하는 우를 범하게 될 뿐이다.

기업 간 경쟁은 결국 마케팅 경쟁이다

'한 번 직장은 영원한 직장'이라고 생각하는 직장인이 아직도 있을까? 아버지 세대에는 분명히 '진리'였던 이 말은 IMF 외환위기를 거치면서 단행된 기업들의 구조조정과 함께 퇴색된 지 오래다. 그 대신 '한 번 직업은 평생직업'이라는 기류가 자리 잡았다. 이를 반영하듯 주로 외국 기업을 중심으로 형성된 국내 헤드헌팅 시장이 어느덧 폭발적으로 성장해 전문업체만도 수백 개에 이르고 있다. 국내 헤드헌팅 시장이 이처럼 성장한 데는 우선 '수요와 공급'이라는 경제논리에서 전문인력에 대한 기업들의 수요가 증가한 점을 들 수 있다. 이와 맞물려 직장인들도 이직을 새로운 기회와 도전으로 받아들이기 시작했다. 아울러 인프라 측면에서 기업과 이직자 간 또는 헤드헌팅사와 이직자 간의 정보교환 및 커뮤니케이션이 용이해진 것도 중요한 원인이라 할 수 있다.

그중에서도 가장 결정적 원인은 현업에 당장 투입할 인력을 필요로 하는 기업들의 니즈 변화에 있다. 이미 많은 기업들이 예전처럼 신입사원을 선발해 교육훈련을 시켜서 실무에 배치하기보다는 그때그때 필요한 전문인력을 수시로 채용해 현업에 투입하는 전략으로 방향을 전환했다. 신입사원 채용에 따른 비용과 리스크를 최소화하고 필요한 때 업계에서 능력이 검증된 유능한 인재를 확보하는 것이 더 효율적인 인사정책이라 인식되는 추세다.

그런데 국내 헤드헌팅 시장에서 큰 비중을 차지하는 업종이 마케팅이라는 사실에 주목할 필요가 있다. 기업마다 유능한 마케터를 구해달라는 요청이 쇄도한다. 도대체 마케팅이 무엇이기에 기업들마다 마케터 확보에 혈안이 돼 있는 것일까?

마케팅의 중요성이 강조되는 이유는 당연히 '치열한 경쟁' 때문이다. 앞에서 말했다시피 수많은 기업들이 시장에서 생사를 건 경쟁을 벌이고 있다. 디지털컨버전스와 맞물려 경쟁의 장벽도 동종업종을 넘어 이업종 간으로 심화되고 있으며, 방송과 유통업으로 무장한 홈쇼핑이 오프라인에서 백화점과 할인점의 강력한 위협세력이 된 지 오래다. SK텔레콤 등의 이동통신사는 휴대폰에 결제시스템을 도입해 신용카드사와 승부를 펼치고 있다. 그뿐인가. 기업 간 경쟁이 전 산업분야에 걸쳐 일어나는가 하면, 한쪽에서는 상생을 추구하는 '적과의 동침'도 불사하고 있다.

시장에서 벌어지는 온갖 경쟁을 압축해보면 결국 마케터들 간에 벌어지는 치열한 아이디어 싸움으로 요약된다. 상품력도 물론 매우 중요한 요건이지만, 오늘날의 경쟁은 상품력만으로 돌파하기에 한계가 있다. 시장이 성숙화되고 있기 때문이다. 원료의 동질화와 생산방식의 표준화 그리고 국경이 무의미한 글로벌화의 결과로 대부분의 시장이 성숙기를 맞고 있다.

성숙된 시장 즉 상품력이 크게 차이 나지 않는 상황에서는 결국 마케팅에서 승패가 판가름 나게 마련이다. 마케팅은 일시적으로 나타났다 사라지는 경영기법도 아니요, 기업을 구성하는 일부 요소도 아니다. 마케팅은 무한경쟁 시대에 기업의 생존을 결정하는 핵심이다. 현명한 CEO라면 이 점을 잊어서는 안 된다.

극심한 경쟁을 뚫고 생존하려면 차별화된 마케팅 전략이 뒤따라야 한다. 독과점 시장에 종사하는 기업이라면 마케팅이 상대적으로 덜 중요할지 모른다. 과거의 철도청이나 한국담배인삼공사와 같이 특정분야에서 시장을 독점했던 공기업에서는 마케팅이 단순히 영업을 지원하는 수준에서 운영되었다. 그러나 시장개방 이후 외국산 담배가 시장을 잠식해가는 와중에 정부의 민영화 정책에 따라 새롭게 출범한 KT&G가 맞닥뜨린 상황은 과거와 전혀 달랐다. 시장논리인 경쟁의 개념이 공기업에도 도입된 것이다. 한때 국민들의 '애국심'에 호소해보기도 했지만 이제 그것만으로는 까다로워진 고객을 붙잡아둘 수 없는 시대다. 현실을 이해한 이들 공기업이 가장 먼저 취한 행동은 유명기업의 전문 마케터를 영입한 것이었다. 그들의 마케팅 역량을 기반으로 외국담배에 대항하기 위해 디자인이나 가격, 유통정책 등에서 브랜드 마케팅 개념을 강화했다. 그 결과, KT&G는 민영화 후에도 현재 세계 5위의 글로벌 담배기업으로 시장을 주도하고 있다.

이처럼 마케팅이 선두에서 변혁을 추구하면 기업의 문화가 달라지고, 이것은 곧바로 경영성과로 연결된다. 이들 공기업의 변화된 면모만 보더라도 기업에서 마케팅의 위상이 얼마나 높은지 가늠할 수 있다.

고객의 머릿속을 선점하라

이처럼 기업에서 마케팅이 중요한 이유는 '숫자'를 책임지는 부서이기 때문이다. 기업은 숫자에서 시작해 숫자로 끝난다. 다양한 숫자들 중에서 핵심지표라 할 수 있는 매출액과 손익을 마케팅이 전담한다. 현업에서 '매출액이 마케터의 인격'이라는 농담이 통용되는 이유도 여기에 있다. 물론 특정 지역이나 채널을 맡고 있는 영업부도 매출액과 긴밀한 관계가 있다. 하지만 현장에서 고객의 의사결정을 좌우하는 근원적인 힘은 결국 막강한 브랜드 파워로부터 나온다. 마케팅의 궁극적인 지향점은 브랜드 리더십이고, 이것이 곧 매출액으로 승화되는 것이다.

기업에서 마케팅 부서는 매우 광범위하고 다양한 과업을 수행한다. 그럼에도 마케터가 무엇을 하는 사람인지 물으면 선뜻 대답하지 못하는 이들이 의외로 적지 않다. 마케팅과 영업을 혼용해서 지칭하기도 하고, 심할 경우 마케팅 부서를 '돈 쓰는 부서'라고 곱지 않은 시선으로 바라보기도 한다. 물론 마케팅 부서는 돈 쓰는 부서다. 시장이라는 최전선에서 브랜드 리더십을 확보하려면 고객과 지속적으로 커뮤니케이션해야 하고, 이를 위해서는 마케팅 재원이 필요하다. 단적인 예로 해당 기업이 얼마나 공격적으로 마케팅을 전개했는지 알아보려면 광고판촉비를 얼마나 썼는지 조사해보면 금방 알 수 있다.

말이 나온 김에 마케팅의 역할을 언급해보자. 우선 기업의 얼굴이자 R&D의 총체적인 결실인 '상품개발'을 담당한다. 또한 영업 지원을 위한 판매촉진 활동, 막대한 예산이 소요되는 고객 커뮤니케이션과 신규 및 기존고객 관리를 위한 CRM, 브랜드 로열티 관리 등을 맡는다. 이외에도 시장조사, PR, 공동 마케팅 등에서 경쟁사와 승부를 벌인다.

어떤가, 생각 이상으로 다양한 역할을 한다고 느끼는 분들도 있을 것이다. 인사총무나 재무회계 등을 제외한 기업활동의 거의 모든 영역에 마케터가 관여한다고 할 수 있다. 이처럼 담당 영역이 방대하다 보니 특히 서비스 업종에 종사하는 임직원의 과반수는 마케팅 업무를 수행한다.

이 모든 활동의 목표는 하나, 고객의 머릿속을 선점하는 것이다. 마케팅 교과서에서 거듭 강조하는 정의 중 하나는 '마케팅은 제품이 아니라 인식의 싸움'이라는 것이다.

예를 들어보자. 후발사가 선발사를 따라잡기 위해 마케팅을 추진할 때 가장 크게 고려할 점은 무엇일까? 기업의 경영정책이나 전략에 따라 다를 수 있으나, 시장에서 리더십을 확보하려면 시장의 판을 깨고 먼저 치고나가는 공격적 전략을 구사해야 한다. 즉 남들보다 한발 앞선 혁신적인 프로그램으로 시장을 장악하는 전략이다. 한발 앞서 이벤트를 진행하고, 신상품도 출시하면서 시장에서 주도권을 잡아야 한다. 이 전략의 핵심은 바로 고객의 머릿속을 선점하는 것이다. 비록 시장 진입은 늦어서 시장점유율 지표는 타사에 뒤질지라도 고객들의 심리를 장악할 자신이 있다면 충분히 승부해볼 만하다.

그러려면 광고를 비롯한 브랜드 전략, CRM, 신상품 출시 등과 같은 마케팅 전략에서뿐 아니라 전략적 제휴, 인사정책 등에서도 타사보다 한 박자 빠르게 혁신을 선도하면서 게임의 룰을 지배해야 한다. 이 모든 활동의 초점이 한 방향으로 맞춰지고 일사불란하게 움직일 때 유리한 시장기조가 형성된다. 이때 경쟁사와 진검승부를 펼친다면 시장에서 주도권을 잡을 수 있다. 이것이 바로 마켓 리더십의 핵심이다.

일반적으로 시장의 리더는 가급적 판을 유지하려는 정책을 고수한다. 전략적 과오는 전술적인 노력으로 보상되지 않기 때문에 섣부른 모험은 회피하게 마련이다. 경쟁사의 반격에도 대개 소극적인 자세로 대처한다. 여기서 허점을 노려야 한다. 후발사는 선발사의 이러한 경향을 파악하고 자사의 강점을 발굴해 집중적으로 공략해야 한다. 필요하다면 시장에서 이슈메이커를 자청하며 경쟁사들을 자신이 의도한 영역으로 유도하여 시장을 키울 수 있어야 한다.

대표적인 사례로 2011년의 라면시장을 들 수 있다.

지금은 한풀 기세가 꺾였지만, 당시 '흰색 면'의 돌풍은 대단했다. 시발점은 팔도 '꼬꼬면'이었다. 꼬꼬면은 기존 시장을 공략하기보다는 컨셉을 확실하게 차별화해 새로운 시장을 창출했다. 그런 다음 흰색 면을 출시한 2~3위 업체들과 힘을 모아 대대적으로 마케팅을 전개하며 신라면의 아성에 도전했다.

신라면의 대응전략 또한 뛰어났다. 동일한 컨셉의 라면을 출시하지 않고, 오히려 '후루룩'이라는 칼국수 브랜드를 출시해 시장을 방어하는 동시에 라면과 흰색 면 사이에 분명하게 선을 그은 것이다. 만일 시장의 리더였던 농심이 유사 상품을 출시했더라면 상황은 꼬꼬면에 훨씬 유리하게 전개됐을 것이다. 마케팅 측면에서 볼 때 후발사인 팔도의 전략은 명확했고, 선발사인 농심의 전략도 뛰어났다.

마케팅 혁신,
CEO로부터 시작된다

시장이 성숙할수록 경쟁구도는 선명해진다. 시장 내의 기업은 리더와 도전자, 추종자 그리고 틈새시장을 공략하는 니처(nicher)를 비롯한 군소업체로 고착화된다. 이러한 시장구도는 크게 두 가지 국면에서 형성된다.

첫째는 유사업종에 종사하는 대등한 수준의 경쟁사가 비슷한 시점에 시장에 진입해 전체 시장을 키워나가는 와중에 제3의 경쟁사나 군소업체가 미투 전략(me too)으로 진입하면서 전체 시장이 확고한 카테고리로 자리 잡는 경우다. 이때는 시장진입 순서가 곧 힘의 우위가 된다. 이런 상황에서는 후발사가 선발사들이 집행한 마케팅 비용의 3배 이상 투자해도 선발사를 따라잡기는 쉽지 않다고 한다. 거의 불가능하다는 의미다.

둘째는 열세한 기업이 기존에 없던 블루오션 시장을 독자적으로 개척하는 경우다. 선발사들이 오랜 기간에 걸쳐 시장을 키우고 독점적으로 시장을 향유하는 가운데 힘의 우위에 있는 대기업들이 후발주자로 진입해 공격적인 마케팅을 펼칠 때 이와 같은 시장구도가 형성된다.

이러한 현상은 업종을 불문하고 산업 전반에 걸쳐 일어날 수 있다. 따라서 이러한 시장구도를 사전에 예측하고 잘나갈 때 시장을 방어하기 위해 오히려 적극적인 마케팅을 펼쳐야 한다. 그렇지 않고 현재 지위에 안주한 채 방어에 급급하다 시장에서 도태되는 기업들을 주위에서 자주 목격할 수 있다. 반대로 자사만의 차별화된 방법으로 시장을 리드하는 사례도 적지 않다.

대표적인 사례로 유한킴벌리가 있다. '우리 강산 푸르게 푸르게'로 잘 알려진 유한킴벌리는 다수의 경쟁브랜드를 제압하며 과반 이상의 시장 점유율을 유지하고 있다. 세계 최강의 마케팅기업이라는 P&G는 물론 국내 생활용품 시장에서 입지를 확고히 하고 있는 LG생활건강을 비롯한 여러 브랜드들의 파상공세를 이겨내고 시장을 리드하고 있다는 점에서 더욱 놀라운 성과다. 온갖 악조건에도 불구하고 이들은 화이트, 하기스, 크리넥스 같은 1등 브랜드로 1조 원 이상의 매출을 올리며 시장에서 확고한 리더십을 구축하고 있다.

과연 그들의 비결은 무엇이었을까? 의외로 단순하다. 탁월한 리더십이 있었기 때문이다. 창업자인 유일한의 청렴한 기업가 이미지가 강한데다 최근에는 문국현이라는 걸출한 CEO가 있었다. 유한킴벌리는 문국현 전 사장의 강력한 리더십 하에 '우리 강산 푸르게 푸르게'라는 공익마케팅을 펼치면서 시장에서 리더십을 구축하는 전략을 펼치고, 최규복 사장이 더욱더 계승 발전시켜 오늘날의 명성을 구축했다. 경쟁사보다 한 박자 빠른 마케팅 전략과 체계적이고 지속적인 브랜드 관리를 통해 달리는 말에 채찍을 가하는 주마가편(走馬加鞭) 전략을 실행한 것이다. 이러니 세계 1위 마케팅기업이라는 P&G가 한국 시장에서 힘을 못쓰는 것도 어쩌면 당연한 결과인지 모른다.

현대카드의 급속한 성장도 마찬가지다. 시장에 뛰어든 지 불과 6년여 만에 메이저 카드사로 진입하며 급성장한 현대카드의 이면에는 정태

영이라는 특별한 CEO가 있었다. 현대카드·캐피탈을 이끄는 그는 부임할 당시에 9000억 원의 적자를 보이던 경상이익을 1조 원대 이상으로 반전시키는 저력을 발휘했다. 일부에서는 현대카드의 드라마틱한 성공 비결을 광고나 디자인 같은 시각적 요인에서 찾으려 하지만, 화려한 겉모습 이면에는 명석한 CEO의 경영철학과 이를 뒷받침한 혁신적인 기업문화가 자리하고 있다.

국내 1위 계란 유통기업인 '조인'을 이끄는 것은 CEO의 목표의식이다. 그것도 고만고만한 목표가 아니라 까마득할 정도로 큰 목표다. 이름이 왜 조인인 줄 아는가? 조(兆) 단위의 매출을 올리는 회사로 키우겠다는 목표가 있기 때문이다. 처음 한재권 회장이 회사를 세울 때 이 말을 하면 다 웃었을 것이다. 그러나 이미 조인은 3000억 매출을 올리며 해외진출을 준비하고 있다. 물론 지금도 몇몇 사람은 웃는다. 계란 팔아서 어떻게 1조를 하느냐는 것이다. 그러나 1조라는 목표가 있기에 고민도 하고 새로운 전략도 짜게 되는 것이다. 이런 목표가 없다면 사람들 말처럼 '계란 파는 회사'가 해외진출이라는 큰 그림을 구체적으로 설계할 수 있었겠는가.

기업의 경쟁력은 결국 조직력과 상품력에서 나온다. 이를 진두지휘하는 사람은 CEO다. 그의 마케팅 방식에 따라 기업의 경쟁력이 달라진다. 좋은 기업에서 위대한 기업으로 도약한 기업들에는 특별한 마케팅 철학을 가진 리더가 있었다. 역량 있는 또는 혁신적인 기업들이 시장에서 돌풍을 일으키며 확고한 입지를 구축한 근본적인 이유도 여기에 있다. 마케팅 철학이 확고한 최고경영자로부터 마케팅 혁신이 시작된다.

나만의 마케팅 철학으로 특화하라

성공하는 기업들의 지속적인 경쟁우위 원천은 무엇일까? 그것은 특별한 핵심역량에서 비롯된다. 핵심역량이란 자사만이 보유한 내부역량으로서 경쟁사와 차별화될 뿐 아니라 사업 성공을 견인하는 결정체다. 핵심역량은 조직역량에 기반을 두고 있기 때문에 한 번 사용한다고 해서 사라지는 것이 아니라 오히려 지속적으로 활용할수록 더욱 강화된다.

핵심역량이 되기 위해서는 조건이 있다. 첫째, 경쟁사 대비 차별적 경쟁우위가 있어야 한다. 핵심역량이란 단순히 특정 기업이 잘하는 활동을 의미하는 것이 아니라 경쟁사와 비교한 상대적인 우위를 말하는 것이다. 무엇보다 이것을 고객들이 인정해줘야 한다.

둘째, 경쟁사가 모방하기 어려운 희소성이 있어야 한다. 특정 기술이나 기법도 물론 핵심역량이 될 수 있지만 경쟁사가 쉽게 모방할 수 있다. 이것이 다양한 경영자원과 조직역량에 의해 복합적으로 믹스돼 구성되고 집단적으로 공유되어야 비로소 남이 모방하기 어려운 핵심역량이 된다. 그러한 과정을 거쳐 자사만의 특별한 자산으로 구축될 때 효율 또한 배가된다.

셋째, 핵심역량은 새로운 가치창조에 기여하고 다른 사업으로도 확장할 수 있어야 한다. 고객의 가치를 높이거나 사업을 다각화할 때, 또는 신상품 개발 등에 적용함으로써 차별성을 유지하는 것이다.

이러한 핵심역량의 원천 역시 CEO의 마케팅 철학으로부터 시작된다. 모든 CEO에게는 자기만의 특별한 철학이 있고, 이는 대내외적으로 추진되는 모든 마케팅 프로그램에 주입된다. 마케팅에 대한 이해가 깊든 얕든 말이다.

일례로 '고객'에 대한 관점을 생각해보자. 전방위적으로 경쟁이 심화된 오늘날, 승패를 좌우할 열쇠를 쥐고 있는 사람은 다름 아닌 고객이다. 모든 마케팅 의사결정의 정중앙에는 고객이 위치한다. 마케터라면 항상 고객 입장에서 역지사지(易之思之)할 의무가 있다. 그럼에도 마케팅 전략을 수립할 때는 정작 고객의 혜택을 간과한 채 기업의 입장만을 고려하는 경향이 있다. 마케팅 철학을 망각했기 때문이다. 마케팅 전략은 경쟁사를 예의주시하면서 고객과 기업의 입장을 적절하게 절충하는 데서 시작된다.

그런데 여기에 CEO가 잊지 말아야 할 사실이 있다. 기업에는 마케팅에서 이야기하는 고객의 개념보다 훨씬 중요한 것이 있다. 그들은 바로 기업을 구성하고 있는 임직원과 협력업체라는 '내부고객'이다. 고객에 대한 정확한 개념을 파악하고 이들을 먼저 만족시킬 줄 아는 리더십이 필요하다. 1차 고객은 회사에 소속된 임직원들이다. 2차 고객은 자사와 거래하고 있는 광고대행사나 제휴사, 유통업체를 비롯한 협력업체의 간접구성원들을 말한다. 흔히 마케팅에서 말하는 고객이란 실상 기업의 3차 고객이다. 고객의 중요도 면에서도 당연히 1, 2차 고객이 우선이다. 이들을 통해 3차 고객에게 자사 상품이나 서비스가 최종적으로 전달되기 때문이다.

의식 있는 CEO들은 이러한 고객의 개념을 제대로 파악하고 있다. 그래서 1차 고객인 임직원들부터 마케팅 역량을 강화하고 무장시킨다. 이후 2차 고객사인 협력업체에 자사가 추구하는 마케팅 철학을 전파하며 파트너 관계를 공고하게 다져나간다. 이러한 경영철학의 기반 위에 자사만의 색깔이 더해져서 최종 3차 고객에게 전달된다. 이것이 바로 철학 있는 기업의 마케팅 방식이다.

CHAPTER 02

장사는 고객을 남기는 것이다

기업은 궁극적으로 이윤을 추구하는 집단이다. 이윤을 추구하는 과정에서 지속가능한 성장 또한 실현할 수 있다.

그런데 여기에는 반드시 지켜야 할 원칙이 있다. 고객을 가장 우선시하겠다는 리더의 마케팅 철학이다. 개중에는 이윤만을 중시하며 직원은 물론 고객까지 돈보다 중요하지 않은 존재로 여기는 경영자들이 있다. 누가 그 돈을 벌게 해주는지 생각지 않는, 근시안적 태도다. 더욱이 요즘처럼 고객의 기대수준이 높거나 기업의 행보가 투명하게 드러나는 상황에서 지나치게 이윤을 추구하는 기업으로 비치면 고객들로부터 외면을 받을 수밖에 없다. 따라서 고객의 신뢰를 얻으려면 나의 고객이 무엇을 원하는지 정교하게 파악해 장기적인 관점에서 그에 걸맞은 대우를 해야 한다.

누가 가장 많이 사는가?

기업에 고객이란 수익을 창출하는 원동력이다. 물론 그렇다고 모든 고객이 똑같이 자사 수익에 기여하는 것은 아니다. 같은 제품을 구매하는 고객들이 똑같은 니즈를 가지리란 법도 없다. 따라서 보다 섬세하게 고객의 니즈를 파악해 그들을 만족시키고 지속적인 수익을 창출하려면 고객의 유형 및 특성에 따른 체계적인 관리가 필요하다. 이를 위한 마케팅적 접근이 바로 CRM(customer relationship management)이다.

이미 국내에는 CRM 구축 및 컨설팅을 하는 업체만 수십 개에 달하고 CRM 관련 도서와 인터넷사이트에서 관련 정보도 쉽게 접할 수 있다. CRM이란 '고객정보를 체계적으로 분석함으로써 해당고객 특성에 부합한 보상과 프로모션을 통해 기존고객을 유지 강화하고, 신규고객을 새롭게 창출하며 휴면고객을 활성화하기 위한 일련의 마케팅 활동'으로 정의할 수 있다. 쉽게 말하자면 자사의 고객을 특정한 유형이나 구매액에 따라 세분화함으로써 고객등급별로 고객만족을 실현하는 것이다. 한마디로 고객이 회사에 기여하는 정도에 따라 수익을 극대화하는 전략을 말한다.

이러한 측면에서 CRM의 고객분석은 RFM(recency, frequency, monetary)이란 변수로 수행된다. 최근성(recency)은 구매한 시점에 따라 나눈 지표로, 고객의 정보와 동태를 면밀하게 파악할 수 있다. 구매빈도(frequency)를 통해서는 고객의 충성도와 구매주기 패턴을 분석할 수

[도표 1] 파레토의 법칙으로 본 CRM 등장배경

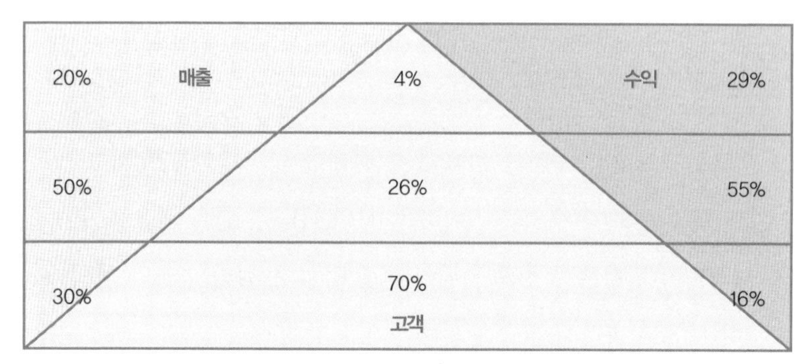

※자료원 : Pricewaterhouse Coopers Clients Studies

있고, 구매액(monetary)으로는 고객이 기업에 가져다주는 수익을 산출할 수 있다. 이 3가지 변수를 조합해 연도별, 월별 등으로 상품이나 서비스를 구매한 정도에 따라 등급을 세분화한다.

CRM이 등장하게 된 배경에는 '파레토의 법칙(Pareto's Law)'이 있다. 파레토의 법칙은 1897년 이탈리아 경제학자 빌프레도 파레토가 19세기 영국의 부와 소득 유형을 연구하다가 '전체 인구의 20%가 전체 부의 80%를 차지하고 있다'는 80/20 법칙을 발견하면서 태동한 것으로, 기업에서 고객을 구성하는 유형과도 일맥상통한다. 좀 더 구체적으로 밝히면 상위 30% 고객이 해당기업 매출의 70%를 차지하고 있으며, 전체 수익의 84%를 창출하는 놀라운 지표를 보인다. 이미 금융권이나 홈쇼핑사 등에서 입증된 결과다.

국내에서 CRM은 1990년대 말 인터넷 사용의 폭발적인 증가와 IT 기술의 발전에 힘입어 큰 관심을 받으며 소개되었다. 그 후 일부 대기업에서 성공적으로 CRM 프로젝트를 도입한 이후 객관적인 효과가 나타나면서 국내 산업 전반에 폭넓게 확대되고 있다. 국내에서 비교적 성공적으로 CRM을 구축한 대표적인 기업으로는 금융권의 신한은행, 현대증권, 한국투신 등이 있고, KT, SKT, 삼성생명, 현대백화점, 대교, SK㈜ 등을 들 수 있다. 이들이 막대한 금액을 투자하며 CRM을 구축한 이유는 CRM이야말로 미래 기업수익을 결정하는 가장 경쟁력 있는 모델이라고 확신했기 때문이다.

신규고객보다
기존고객에 집중하라

앞서 정의했듯이, CRM은 수익을 가져다주는 고객을 특성에 따라 획득, 개발, 유지하기 위한 일련의 체계적인 마케팅 활동이다. 따라서 CRM의 시발점은 '고객의 획득'이다. 기존고객을 정교하게 세분화해 고객별로 가치를 파악하고 이에 대응한 마케팅 전략을 수립하고, 이후에 다양한 상품과 서비스를 개발해 고객의 다양한 참여를 유도해야 한다.

과거의 대중마케팅은 세분화 마케팅(segmentation marketing)과 원투원 마케팅(one to one marketing), DB 마케팅(DB marketing) 과정을 통해 발전해왔고, 최근 CRM으로 이어지고 있다. 고객정보를 바탕으로 체계적인 고객관리를 하는 것이 마케팅의 주요 과업인 만큼 CRM의 중심에는 '고객'이 위치하고, 고객점유율과 고객생애가치(LTV, life time value)가 양대산맥을 형성한다.

고객은 크게 신규고객과 기존고객, 휴면고객으로 구분할 수 있다. 신규고객은 처음으로 자사 상품이나 서비스를 구매하는 고객을 지칭하며 고객점유율 증진에 기여한다. 이 때문에 많은 기업들이 신규고객을 유치하기 위해 전사적인 차원에서 다양한 마케팅 활동을 펼치는데, 사실 이것은 CRM의 근본적인 목적과는 거리가 있다. CRM의 핵심은 어디까지나 기존고객의 로열티를 강화하는 것이기 때문이다.

고객생애가치 측면에서도 기존고객을 유지하는 데 드는 비용이 1이라면 신규고객을 유치하는 데 드는 비용은 5나 되기 때문에 신규고객 확보보다 상대적으로 기존고객을 유지 강화하는 데 초점을 맞추는 것이 현명하다. (물론 후발주자들은 신규고객 확보가 마케팅의 핵심 과업인 만큼 예외일 수 있다.) VIP 귀족마케팅이나 럭셔리 마케팅의 열풍 역시 이와 같은 CRM 성과를 기반으로 한 것이다.

기존고객은 크게 우수고객과 중간고객, 하위고객으로 구분되며 필요에 따라 이를 세분화해 5~6등급으로 나눈다. 최상위 등급에 위치하는 고객은 기업에 수익을 가져다주는 핵심으로 특별관리 대상이다. 이른바 VVIP 마케팅의 핵심 타깃이 바로 이들이다. 이들에게는 일반 고객들과는 다른 특별한 가치제안을 해야 한다.

그다음에 위치하는 우수고객에 대해서도 별도의 관리가 필요하다. 미래에 안정적인 수익을 가져다줄 수 있는 잠재수익원이기 때문이다. 그렇다면 최하위 등급에게는 관심을 가질 필요가 없을까? 그렇지 않다. 5등급 회원들도 예의주시할 필요가 있다. 이들은 회사에 기여하는 수익은

적으면서 거래비용이나 수수료 등을 발생시키기 때문에, 필요에 따라 구매를 억제시키는 디마케팅(demarketing) 대상이 될 수도 있기 때문이다. 휴면고객에 대해서는 고객 재활성화 프로그램을 개발해 우수등급으로 유도할 필요가 있다.

이러한 CRM은 고객과 직접 거래를 수반하는 정보통신이나 금융권(보험, 증권, 카드) 등과 같은 서비스 업계와 홈쇼핑이나 백화점, 대형할인점 등 유통업계, 구매 단가가 높은 제조업에 보편화돼 있다. 아무래도 시장이 성숙하거나 클수록 CRM의 중요성이 부각될 수밖에 없다. 유형의 상품(브랜드)을 제조 판매하는 소비재용품 회사에서 마케팅 부서의 핵심과업이 브랜드 로열티나 리더십을 강화하는 것이라면, 무형의 서비스 상품(브랜드)을 판매하는 서비스 업계의 마케팅 핵심과업은 단연 CRM이라 할 수 있다. 물론 불특정 다수를 상대로 제품을 판매하는 생활용품 업체들에도 CRM은 중요한 수단이 될 수 있지만, 이를 실현하는 데는 현실적인 제약이 따른다. 물건을 구매하는 고객들의 정보를 확보하기가 어렵기 때문이다.

VIP에 걸맞은 가치를 제안하라

CRM에서 한발 나아간 개념으로 VIP 마케팅이 있다. 말 그대로 부유층을 겨냥한 마케팅 전략으로 기업에 수익을 가져다주는 최상위 등급의 고객에 집중하는 마케팅을 말한다. 이들은 강력한 구매력을 지니고 있기 때문에 다양한 혜택을 제공함으로써 다른 고객들에게서보다 큰 수익을 도모할 수 있다. 눈치 챘겠지만, 이 또한 '파레토의 법칙'에 기반한 마케팅이다.

리더가 VIP마케팅을 간과해선 안 되는 첫째 이유는 상위의 고객군이 매출의 대부분을 가져다주기 때문이다. 홈쇼핑이나 금융권 고객 데이터를 분석해보면 상위 20% 고객이 매출의 80%에 근접한다는 놀라운 사실을 발견할 수 있다. 이는 최근에 이르러 상위 5% 고객의 신용카드 사용액이 전체 회원 사용액의 30%를 넘는다는 '0530' 등으로 더욱 세분화돼 VVIP 마케팅의 중요성을 뒷받침하고 있다.

둘째는 매출과 더불어 수익 면에서도 상위 고객의 기여도가 월등하기 때문이다. 앞에서 언급했듯이 상위 4% 고객이 수익의 29%를 차지하고 있다. 실제로 K은행의 경우 상위 8%가 수익의 73%를 차지하고 영업이익의 62.5%를 차지하는 것으로 나타났다. 이러한 수치는 업계를 불문하고 대부분 유사하다는 게 정설이다.

셋째는 소득의 양극화와 함께 VIP고객군의 시장성장 속도가 빠르다는 점이다. 경기가 어려울수록 중하위층 고객들의 삶이 어려워지는 반면, 상위층 고객들은 경기에 덜 민감한 경향이 있다. 이들이 기업에 안정적으로 수익을 가져다줄 수 있는 원천적 힘이다. 우리나라가 국민소득 3만 달러 진입을 앞두고 있다는 사실은 VIP마케팅에 집중해야 할 당위성을 방증하는 지표다.

그렇다면 VIP 고객들에게는 어떤 특징이 있을까? 이들의 속성을 제대로 파악하고 마케팅 현장에 적용하는 것은 대단히 중요하다. 목표고객군을 선정하면서 오차를 최소화하기 위해서는 이들에 대한 성향을 면밀히 파악해야 한다. 이들은 투자나 창업에 관심이 많고 자신의 분야에서 자수성가한 사람도 많아 자부심이 강하다. 자기중심적이며 자신만의 울타리와 네트워크를 보유한 것도 고려해야 할 점이다. 또한 직관력과 판단력이 뛰어나기 때문에 일반인들과 다른 행보를 보이는 특성을 가지고 있다. 치열한 생존경쟁에서 살아남기 위해 끊임없이 자기계발을 게을리하지 않는 것도 이들만의 특성이다.

일반인들과 달리 이들은 일반적으로 정보가 풍부하고, 사회적 현상에 깊은 관심을 가지고 있다. 제품 자체보다 경험을 사는 것이 더욱 중요하고, 자신이나 가족의 건강에 관심이 높다. VIP들만의 커뮤니티 활동을 즐기면서 자녀교육에 각별히 힘쓰고 투자도 많이 하며, 희소성 있는 제품을 선호하는 편이다. 특히 자부심이 강하고 자신의 가치에 초점을 맞춘 소비를 한다는 점에도 주목할 필요가 있다.

이들에 대한 마케팅적 접근은 일반인들과 달라야 한다. 마케팅 원리는 같더라도 전술 차원에서는 이들의 욕구를 충족시켜줄 수 있는 방향으로 마케팅 프로그램을 설계할 필요가 있다.

VIP고객을 유치하기 위해서는 우선 목표고객군을 명확하게 선정하는 작업이 선행돼야 한다. 단순하게 돈이 많거나 부유하다는 정도로 두루뭉술하게 생각하지 말고 목표고객을 확실히 정의할 필요가 있다. 이들은 특정 상품이나 브랜드를 반복적으로 구매하는 비율이 높으므로 이를 하나의 기준으로 삼을 수 있다. 또한 가치창출 잠재력이 높은 고객으로 사회의 트렌드와 연계하는 전략도 효과적이다.

때로는 VIP고객을 발굴하기 위해 대대적인 캠페인을 벌이기도 한다. 특정 타깃을 규정하고 이들의 동참을 이끌어내는 것이다. 기존 VIP고객의 인맥이나 소개를 통해 추천받는 것도 물론 매우 효과적이다.

이들을 대상으로 마케팅을 전개할 때 반드시 유념할 것이 있다. 일반고객군과 달리 이들에게는 새로운 가치제안이 필요하다. 일반상품과 차별화된 가치개발이 반드시 선행돼야 한다는 뜻이다. 이 말을 풀이해 보면 '상품이 아니라 가치를 파는 것'이 VIP마케팅의 핵심이라는 뜻이 된다. VIP를 겨냥한 상품은 다음과 같은 5가지를 고려해야 한다.

첫째, 신뢰성이다. 상품이나 서비스의 본원적 속성에 신뢰성을 불어넣어야 한다. VIP고객의 속성을 이해하고 그들을 충족시키기 위한 혜택을 최우선적으로 설계하는 것이 좋다. 물론 그 혜택은 신뢰에 기반을 두어야 한다. 해당 카테고리에서 최고의 전문가라는 이미지를 어필하는 것도 좋다. 그럼으로써 상품에 대한 호감도를 높일 수 있다.

둘째, VIP고객들의 자긍심을 높여주어야 한다. 이들의 자부심은 남다르다. 이들에게 다가서기 위해서는 소유의 기쁨을 팔아야 한다. 이는 어디서나 구할 수 있는 대중적인 이미지가 아니라 가치의 희소성을 의미한다. 남들과 달리 특별하게 대접받고 싶은 그들의 욕망을 충족시키라는 말이다. 최고(No.1)를 강조하지 말고 유일(Only.1)이 되는 게 핵심이다.

셋째, 고객에게 문제해결 방법을 제공해야 한다. 고객은 상품이나 서비스가 필요하다는 문제를 인식해야 비로소 상품을 찾기 시작한다. 엄밀한 의미에서 고객은 상품을 구매하는 것이 아니라 문제해결 방법을 구매하는 것이다. 따라서 상품 자체가 아닌 고객에게 솔루션을 제시하는 방법으로 접근하는 것이 타당하다.

넷째, 자아실현을 위한 상품이나 서비스를 특화해야 한다. 널리 알려졌다시피 자아실현은 매슬로의 욕구이론에서 최상위에 위치한 개념이다. 인간의 욕구에서 최정상에 위치한 혜택을 감성적으로 전달하는 것이 중요하다.

다섯째, 스토리를 파는 것이 좋다. 일반적인 구전마케팅 차원을 넘어 고객들이 스스로 찾아올 수 있도록 스토리를 만들어 브랜드에 가치를 불어넣는 것이다.

나만의 CRM 프로그램을 특화하라

"장사는 이문을 남기는 것이 아니라 사람을 남기는 것이다. 상업이란 이익을 추구하는 것이 아니라 의를 추구하는 것이다. 소인은 장사를 통해 이윤을 남기지만 대인은 거래를 통해 사람을 남긴다."

최인호의 《상도》에 나오는 거상(巨商) 임상옥의 말이다. 미국마케팅협회(AMA)는 2005년에야 기존의 마케팅 정의에 CRM을 추가해 새로운 정의를 내렸지만, 우리 선조들은 이미 오래전부터 장기적인 관점에서 사람을 얻는 것이야말로 마케팅에서 가장 중요하다는 것을 정확히 꿰

뚫어보고 있었던 것이다. 되새겨보면 임상옥의 말 속에는 사람을 남김으로써 CRM의 핵심인 고객생애가치를, 장기적으로는 진짜 이문을 취하겠다는 엄청난 뜻도 함축돼 있다. 이를 반영하듯이 시장지향적인 초일류기업들은 CRM 시스템을 구축하고 전문가를 영입하는 데 심혈을 기울여 왕성하게 활용하고 있는 반면, 아직까지도 영업지향적인 기업들은 만들면 팔리던 시대를 그리워하고 있다.

CRM의 중요성에도 불구하고 일부 기업들은 여전히 CRM의 실효성에 대해 부정적인 시각을 갖고 있다. 이 또한 경영자들의 책임이 크다. 대부분의 CEO들은 CRM의 효과와 필요성에 대해 공감할 테지만, 일부 경영자들은 여전히 CRM 구축에 소요되는 초기비용을 부담스러워하고 이에 따른 마케팅 효과를 불신하고 있다. 물론 단기간에는 기대했던 만큼의 효과가 나타나지 않을 수 있지만, 장기적인 측면에서 CRM은 금액으로 환산할 수 없는 정량적, 정성적인 마케팅 성과를 낳을 수 있는 수단이다. CRM의 세부전략은 계속 수정과 보완이 필요하겠으나, 그렇다고 CRM이 한때의 유행이나 기법에 그치고 말 것이라 섣불리 생각하는 것은 위험하다. 고객을 세부적으로 관리한다는 본질적인 측면에서 CRM은 더 이상 기업이 선택적으로 사용하는 고객만족 수단이 아니라, 기업의 생존을 좌우하는 마케팅의 핵심요소가 될 것이기 때문이다.

유능한 리더라면 CRM이 기업에 얼마나 중요하고, 어떻게 운영돼야 하는지에 대해 통찰력을 가지고 있다. 이러한 측면에서 향후 CRM을 추진하려는 CEO 및 관련 의사결정권자에게 당부하고 싶은 것이 있다. CRM을 IT 중심의 사고에서 설계하지 말라는 점이다. IT는 CRM을 실행하는 보조수단이지 핵심수단이 아니다. 단적으로 표현하면 CRM 구축을 위한 TFT를 꾸릴 때 주관부서는 이를 실제로 사용하는 마케팅 부서가 돼야 한다. CRM 초기 프로젝트 입안은 IT 기술에 해박한 마케터가 진행하는 것이 가장 이상적일 것이다.

한국인에게는 독특한 정(情) 문화가 있다. 한국인들은 한번 마음을 준 사람이나 브랜드, 제품에 특별한 애착을 느끼곤 한다. '단골손님'이라 표현되는 충성고객도 외국에 비해 높게 나타난다. 이러한 충성고객을 확보하기 위해서라도 CRM은 앞으로 더욱 강력한 수단으로 자리 잡게 될 것이다. 경쟁이 치열해질수록 마케팅의 승부처는 CRM에서 판가름 날 것이다. 최근 유통이나 금융권의 선두 기업들이 빅데이터를 기반으로 한 CRM 마케팅을 펼치고 있는 것도 이 때문이다. 100인 1색 시대는 가고 바야흐로 1인 100색 시대가 도래하고 있지 않은가. 미래에는 고객마다 다르게 쇼핑하고, 다르게 행동하며, 다르게 일할 것이다. 이 점을 잊지 말고 자사에 적합한 CRM모델을 개발하는 데 박차를 가해야 할 것이다.

CHAPTER 03

제품이 아닌 브랜드를 팔아라

마케팅에 관해 이야기하다 보면 빠지지 않고 거론되는 것이 '브랜드'에 관한 내용이다. 시중에 넘쳐나는 브랜드 관련 서적만 봐도 브랜드가 얼마나 중요한지를 알 수 있다. 그렇다면 브랜드란 과연 무엇일까? 미국마케팅학회에서는 브랜드를 이렇게 정의한다. '소비자로 하여금 판매자 또는 판매자 집단의 제품이나 서비스를 식별하고 경쟁자의 제품이나 서비스를 구별하도록 의도된 이름, 용어, 기호, 심벌 디자인 또는 이것의 조합이다.'

이 정의를 단순하게 해석해 '브랜드는 곧 상표'라고만 인식하는 경영자들이 있다. 그러나 위의 정의를 글자 그대로만 받아들이면 안 된다. 이것을 비즈니스 현장에서 적극적으로 적용하면 다음과 같은 명쾌한 정의가 나온다.

'공장에서 만들어지는 것이 제품이라면, 시장에서 실제로 소비자가 구매하는 것은 브랜드다.'

브랜드를 상표로만 이해하고 있다면 소비자가 브랜드를 산다는 말이 모호하기만 할 것이다. 그러나 제품과 브랜드는 엄밀하게 다르고, 실제로도 엄청난 차이가 있다. 제품이라는 물리적인 상품에 2차적인 편익과 가치(value), 나아가 살아 있는 영혼(spirit)이 부여된 것이 브랜드다. 브랜드는 모든 마케팅의 총체적인 노력이 결집된 최종 성과물이다.

소비자가 구매하는 것은 제품이 아니라 '문제해결 방법'이다. 문제해결은 브랜드에 대한 신뢰와 밀접한 관련이 있다. 눈에 보이는 여러 가지 제품 중에 선택하는 것 같지만, 구매의사결정은 결국 마케터가 소비자의 마음속에 심어놓은 브랜드 로열티에 의해 이루어진다.

그럼에도 국내 일부 기업에서는 아직까지도 제품이나 판매 중심으로 마케팅을 추진하는 실정이다. 제품과 브랜드의 차이를 인식하는 리더라면 시급히 브랜드 중심으로 마케팅 마인드를 혁신해야 한다.

마케팅과 브랜딩은 떼려야 뗄 수 없는 상호보완적인 관계로 우열을 논하기 어렵다. 그보다는 차라리 브랜딩과 마케팅을 한 몸으로 인식하는 것이 정확하다. 마케팅의 최종 목표는 브랜드 로열티를 강화하는 것이며, 마케팅의 핵심 업무는 시장에서 브랜드 리더십을 확보하는 것이기 때문이다. 브랜드 리더십을 확보하면 매출액은 자연스럽게 따라오게 마련이다. 아니, 엄밀하게 말해 매출액은 오히려 브랜드 리더십의 후행변수에 불과하다.

'브랜드(brand)'의 어원은 BC 7세기경 고대 그리스 상인들이 항아

리에 부착한 특별한 표식에서 비롯됐다고 전해진다. 이후 고대 노르웨이 언어인 'brandr(불로 새기다)'에서 파생됐다는 설과 16세기 초 영국 위스키 제조업자들이 위스키 나무통에 인두를 찍는다는 의미인 영어 'burned'에서 유래됐다는 설이 제기되고 있다. 어찌됐든 당시에도 브랜드의 기본적인 기능은 자사 상품과 타사 상품을 구별하기 위한 표식이었던 셈으로, 현대적 개념인 브랜드의 속성과 일치한다. 이후 산업혁명을 거치며 브랜드의 개념은 더욱 체계적으로 발전해오고 있다.

세계적인 마케팅 전문기업인 P&G와 코카콜라 등은 산업화 초기부터 브랜드의 중요성을 잘 알고 있었다. 국내에서 브랜드 관리가 체계적으로 이루어지는 분야는 브랜드매니저 시스템을 구축한 소비재용품 기업들로 전자, 패션의류, 화장품, 생활용품사 등이다. 그중에서도 전문적인 지적재산권팀을 운영하고 있는 아모레퍼시픽과 국내 대표 생활용품 기업인 LG생활건강 등도 브랜드 관리를 잘하는 기업으로 평가받고 있다.

브랜드가 기업에 점점 중요해지고 있는 가장 큰 이유는 브랜드 로열티가 수익과 직결되기 때문이다. 과거에 기업의 자산가치를 말할 때 보편적으로 거론됐던 부동산이나 생산설비 등은 최근에 이르러 브랜드 로열티에 자리를 넘겨주고 있다.

불과 얼마 전까지만 해도 기업이 파산하면 채권자들은 파산기업이 보유했던 건물이나 부동산, 생산설비 등을 확보하는 데 급급했으나 최근에는 브랜드가 첫 번째 관심사가 되고 있다. 실제로 2002년 파산한 D기업은 시장에서 완전히 사라지는 운명을 맞았지만 D기업이 보유했던 1등 브랜드는 타 그룹에 매각돼 지금도 시장에서 1등의 입지를 구축하고 있다. 그뿐인가. IMF 외환위기 당시 한국존슨이 삼성제약으로부터 '에프킬라' 브랜드를 약 297억 원에 매입한 사례와 로케트전기가 국내 상표권과 영업권 일부를 7년 동안 미국 듀라셀전지에 임대하는 조건으로 약 815억 원을 받은 사례, CJ제일제당이 음료사업을 구조조정하면서 롯데칠성에 '솔의눈'을 비공개 매각한 사례 등을 목도하며 국내 기업들도 브랜드 로열티의 중요성을 피부로 느끼게 되었다. 기업은 파산해도 1등 브랜드는 쉽게 사라지지 않는다는 사실을 실감한 것이다. 실제로 브랜드 로열티는 호황기보다 불황기에 더욱 빛을 발한다. 삼성제약이 그러했듯이, 최악의 경우 기업이 위기 상황에 봉착했을 때 자신이 소유한 막강한 브랜드 자산을 처분함으로써 다시 도약할 기반을 마련할 수도 있다.

이에 부응해 일부 기업들이 모든 마케팅 역량을 브랜드 관리에 초점을 맞추기 시작하면서 브랜드 로열티는 명실상부하게 기업 제1의 자산으로 자리 잡게 되었다.

따라서 리더는 브랜드의 중요성을 정확히 인지하고 이에 따라 마케팅 의사결정을 해야 한다. 리더가 브랜드에 대한 철학을 잃고 단기목표에 쫓기다 보면 마케팅은 영업을 지원하는 부서로 전락해버린다. 이런 기업의 마케터는 단기매출을 위해 과도한 가격할인이나 '1+1' 같은 세일즈 프로모션으로 목표를 맞추려 한다. 그러나 이런 방편은 마약과 같아서 일시적으로는 목표를 달성할 수 있을지 몰라도 다시 판촉을 진행하지 않으면 매출이 뚝 떨어지는 악순환이 고착화될 수 있다. 더 큰 문제는 그 와중에 브랜드 로열티가 망가진다는 것이다.

죽은 '브랜드'가 아니라 살아 있는 '브랜딩'이다

브랜드는 제품보다 소비자에게 한발 더 다가선 진보적인 개념이다. 경쟁시장에서 기업은 브랜드를 매개체로 고객과 커뮤니케이션한다. 여기에 브랜드의 중요성이 있다. 소비자와 커뮤니케이션하는 매개체라는 사실 말이다. 브랜드의 주된 속성이 커뮤니케이션인 만큼, 브랜드도 마케팅 개념과 마찬가지로 정체된 이미지가 아닌 동적인 브랜딩(branding)이라는 개념으로 이해하는 것이 타당하다.

브랜드는 한 번 자리 잡았다 해서 불변하는 것이 아니라 소비자의 마음속에서 끊임없이 변화한다. 또한 우리의 삶과 마찬가지로 일정한 수명주기를 지니고 있다. 제품이라는 외형을 가지고 태어나 자신의 이미지를 형성하면서 성장하고, 성숙해서 결국은 대부분 죽게 되므로 각각의 단계마다 각별한 관심과 보살핌이 요구된다. 단계마다 체계적인 관리가 이루어지지 않으면 브랜드도 사람과 마찬가지로 단명할 수밖에 없다. 반대로 철저한 관리가 뒷받침되면 늙어가는 브랜드도 '회춘'해 제2의 전성기를 누릴 수 있다.

제품의 수명주기에 따라 적절한 마케팅 전략을 가미하며 새롭게 리포지셔닝(repositioning)한 대표적인 성공작이 동아제약 '박카스'다. 동아제약에서 박카스의 입지는 실로 대단하다. 전체 매출의 절반 이상이 박카스에서 나오니 말이다. 초기의 박카스 포지셔닝은 산업현장 역군으로서 '강력한 힘'에 무게중심을 두었다. 그런데 문제가 생겼다. 노동자 중심의 브랜드 이미지가 시대 변화와 함께 점점 낡아진 것이다. 이러한 문제를 간파한 동아제약은 젊은 대학생을 모델로 내세워 '지킬 건 지킨다'는 범국민적인 캠페인성 TV 광고를 내놓으며 젊은 이미지로 박카스를 리포지셔닝했다. 결국 이러한 노력으로 박카스는 장년층에 국한된 제품이 아니라 젊은이들도 친근하게 접근할 수 있는 브랜드로 다시 자리매김했다.

이와 같이 브랜드는 출시 당시에 성공적으로 자리 잡았다 해서 내버려둘 것이 아니라, 시간이 지나면 시대상황에 맞게 새롭게 구축해야 한다. 브랜드에 살아 있는 영혼을 불어넣어야 한다는 말이다. 이러한 노력이 더해져야 매출액 달성으로 이어질 수 있다.

우리나라에는 아직까지 P&G '아이보리'와 같은 100년 브랜드가 없다. 그 이유는 무엇일까. 마케팅 역사가 절대적으로 짧은 이유도 있겠지만 문화적 특성과도 긴밀한 관계가 있다.

한국에서 100년 브랜드가 탄생하기 힘든 첫째 이유는 브랜드 로열티를 강화하기보다는 신제품 출시 등 사업다각화를 선호하기 때문이다. 기업의 목표는 장기적인 수익창출에 있음에도 대부분의 기업들은 단기적인 성과에 급급해 브랜드 로열티를 강화하기보다는 신제품 출시를 통해 추가 매출을 꾀하곤 한다. 빅 브랜드에서 거둔 성과를 다른 부문에 투자하는 것은 기업성장의 차원에서 당연한 일이겠지만, 남의 떡이 커 보인다는 심정으로 자사의 핵심역량과 거리가 먼 사업다각화 전략을 추진하니 문제다. 판매지향적인 회사일수록 이러한 문제는 특히 심각하다. 그러는 동안 빅 브랜드를 등한시하는 바람에 리뉴얼 타임이나 광고시점을 놓쳐 어렵게 쌓은 브랜드 로열티를 잃어버리는 경우도 적지 않다. 잘 키운 장수 브랜드는 기업의 얼굴과 같다. 매출뿐 아니라 기업의 이미지에도 영향을 미치기 때문이다. 어느 때보다 경쟁이 치열해진 지금, 섣불리 새로운 영역에 뛰어들기보다 기존의 브랜드를 깐깐하게 관리하는 것이 여러 모로 유리하다.

둘째, 브랜드 로열티를 강화하기 위해서는 선투자가 불가피한데, 이에 대한 불신이 심하다. 막강한 브랜드 로열티는 단기간에 완성되지 않는데, CEO가 이 숙성의 시간을 견디지 못하는 것이다. 단기간에 가시적인 성과를 보여줘야 하는 전문경영인 체제의 기업에서 구조적으로 나타날 수밖에 없는 문제다. 이를 개선하기 위해서는 전문경영진 평가 시 브랜드 로열티 지수를 반영해 평가하는 등의 제도적 보완이 뒤따라야 한다.

셋째, 브랜드 관리에 대한 리더의 철학이 없어서다. 브랜드에 대한 체계적인 인식이 부족할 경우 보통 적당한 수준의 제품에 적당한 이름을 붙여 신제품을 출시하려 한다. 이런 기업은 이미 브랜드 전략에서 80%를 실패한 것이나 다름없다. 브랜드는 '적당한' 수준에 머물러서는 안 된다. 브랜드 네이밍 원칙에 입각해 컨셉에 충실하게 개발하고 발전시켜야 한다. 이는 선택이 아니라 필수다.

넷째, 선택과 집중, 브랜드 포트폴리오 부재에 있다. 기업 브랜드 하에 다수의 개별 브랜드를 운영하는 기업에서 브랜드 포트폴리오 전략은 매우 중요하다. 그럼에도 브랜드 전략에 따라 마케팅 예산을 할당하지 않고 팀으로 구분해 기계적으로 배분하는 경우가 흔한데, 그래서는 제대로 된 운영이 불가능하다. 광고매체 비용은 상승하는 반면 효과는 떨어지는 이중고 상황에서 무엇을 집중적으로 광고할지 선택하는 것은 매우 중요하다. 이때 브랜드 전략을 바탕으로 선택과 집중에 의한 의사결정이 이루어져야 한다.

다섯째, 결국은 사람이 문제다. 기업 내부의 특정인에 의한 독선은 모든 전략을 망칠 수 있다. 브랜드 관리는 매우 객관적인 데이터에 의해 모든 사람이 공감할 수 있는 방향으로 운용돼야 한다. 그러나 마케터는 자신이 런칭한 제품에 대한 애정이 지나친 나머지 실패를 인정하지 않으려는 경향이 있다. 시장의 객관적 지표로 판단했을 때 브랜드 리뉴얼이나 리포지셔닝이 힘든 브랜드는 과감하게 철수해야 한다. 실패 브랜드에 집착할수록 기업의 기회비용은 증가하고, 자칫 더 큰 실패를 부를 수 있다.

브랜드 전쟁은 단순하게 조직과 자금의 대결이 아니라 소비자의 머릿속을 선점하기 위한 전쟁이다. 즉 경쟁사 대비 차별화된 포지셔닝을 구축하기 위한 전쟁인 것이다. 확고하게 형성된 브랜드 로열티는 쉽게 무너지지 않는다. 다만 막강한 브랜드 로열티는 결코 하루아침에 만들어질 수 없기 때문에 장기적인 관점에서 브랜드 관리에 임해야 한다. 또한 브랜드가 지닌 컨셉 이외에도 브랜드 편익과 브랜드 아이덴티티, 브랜드 연상, 브랜드 이미지 등 하나하나의 속성을 관리하는 데 유념하되 일관성을 잃지 말아야 한다.

단 하나의 차별성이면 충분하다

소비자 마음속에 브랜드를 포지셔닝할 때 반드시 유의해야 할 점이 있다. 일관된 한 단어로 소비자 마인드를 지속적으로 공략해야 한다는 점이다. 시장에서 1등을 점유하고 있는 브랜드들은 하나같이 강력한 한 단어로 소비자 마인드 포지셔닝에 성공한 것들이다.

그 '한 단어'란 해당 브랜드의 두드러진 차별성일 터다. 그런데 기업들은 소비자에게 자사 브랜드만의 차별성 및 우월성을 전달하려 한다면서도 실제로는 소비자에게 혼선된 메시지를 주입하는 경우가 빈번하다. TV 광고를 생각해보자. 시간은 한정돼 있는데 15초 광고에 하고 싶은 말을 다 쏟아내려 하는 광고주들이 많다. 하지만 이것은 TV 광고를 망치는 지름길이다. 정보의 홍수 속에 살아가는 소비자들은 광고 메시지에 둔감할 수밖에 없다.

TV 광고는 다양한 프로모션 중에서도 가장 강력한 수단으로서 막대한 비용이 수반된다. 이 비싼 광고를 성공적으로 진행하려면 명확한 커뮤니케이션 컨셉을 한 단어로 정해서 포지셔닝해야 한다. 포지셔닝이 진부해지면 시대상황에 어울리는 적절한 단어로 변용하되, 브랜드의 본질이 흐려지지 않도록 일관성을 기하는 것이 좋다. 한 단어는 브랜드가 추구하는 컨셉과 맞아떨어질 때 강력한 효과를 발휘한다.

'한 단어' 컨셉과 얼핏 보기에 반대되는 듯한 개념으로 패밀리 브랜드 전략이 있다. 기업이 쓸 수 있는 마케팅 재원이 무한정이라면 패밀리 브랜드 전략은 굳이 언급할 필요도 없을 것이다. 현실적으로 마케팅 재원은 한정돼 있고, 이러한 상황에서 최고의 효율성을 기하기 위한 브랜드 전략이 바로 패밀리 브랜드 전략이다. 패밀리 브랜드 전략이란 강력한 모(母) 브랜드 아래 개별 브랜드를 운영함으로써, 한정된 재원으로 전체 브랜드에 대한 후광효과를 창출하는 전략이다. 이와 반대되는 개념은 개별 브랜드(individual brand) 전략이다. 국내 자동차 시장에서 그랜저, 쏘나타, 아반떼 등은 개별 브랜드 전략을 취하고 있는 반면 SM시리즈나 K시리즈는 패밀리 브랜드 전략을 운영하고 있다.

패밀리 브랜드 전략에는 특정 카테고리에서 강력한 브랜드 로열티를 가진 브랜드를 용도가 비슷한 영역으로 확장해 시너지를 극대화하는 방법과, 처음부터 모 브랜드를 개발해서 시장에 진입하는 방법이 있다.

첫째, 단일 카테고리에서 특별하게 성공한 개별 브랜드를 컨셉이 비슷한 다른 영역으로 확장시켜 하나의 제품군을 이루는 형태로는 옥시의 패밀리 브랜드인 '하마'가 대표적이다. 옥시는 '물먹는하마'를 출시해 성공을 거둔 후 동일 브랜드를 냉장고 탈취제인 '냄새먹는하마', 옷장용 방충제인 '하마로이드', 유리세정제인 '창닦는하마' 등으로 확장해 국내 생활용품 틈새시장에서 '하마'라는 캐릭터로 독보적인 패밀리 브랜드 파워를 구축하고 있다. 당시 '물먹는하마'로 국내 제습제 시장을 개척한 신현우 회장은 이외에도 옥시크린, 불스원샷 등 만드는 제품마다 시장을 선도하며 '히트상품 제조기'라는 명성을 얻기도 했다.

둘째, 시장에 진입할 때 처음부터 특정 카테고리 영역을 규정해 패밀리 브랜드에 대한 모 브랜드 네이밍(심벌, 캐릭터 등)을 개발한 후, 하위 개별 브랜드를 브랜드 아이덴티티 전략에 일치시켜 전체적인 브랜드 일관성을 꾀할 수도 있는데, 대상 '청정원'의 패밀리 브랜드가 대표적 사례다. 청정원은 국내 식품부문에서 강력한 포지셔닝을 구축한 패밀리 브랜드로, 런칭 때부터 패밀리 브랜드 광고에 막대한 예산을 투하하면서 모브랜드에 대한 이미지를 강화하는 한편 개별 브랜드 광고물에서도 모브랜드와의 연계를 강조함으로써 브랜드 간 시너지 효과를 창출했다.

패밀리 브랜드의 가장 큰 이점은 앞서 말했듯이 한정된 재원으로도 마케팅 비용의 효율성을 기할 수 있다는 것이다. 그렇지만 하나의 제품 이미지가 나쁘게 형성될 경우 다른 브랜드에도 부정적 이미지가 확산될 수 있기 때문에 제품군마다 품질관리에 각별히 유념해야 한다.

제품 컨셉에 브랜드를 일치시켜라

앞서 소개한 미국마케팅학회의 정의에서 볼 수 있듯이, 브랜드는 상표 자체를 넘어 브랜드를 구성하는 기호, 심벌, 디자인, 컬러 등을 포함한 총체적인 개념으로 이해해야 한다.

흔히 브랜드를 '상표'라고 인식하기도 한다. 그만큼 상표가 브랜드 관리에서 중요한 요소라는 방증일 터다. 브랜드 네임이란 고객과 교환행위를 수행하는 재화나 용역에 대한 호칭으로, 자사에서 제조·판매하는 유형·무형 상품에 대한 이름이다. 전략적인 브랜드 관리에서 네이밍이 중요한 이유는 분명하다. 브랜드 네임이 브랜딩의 구성요소인 자산, 아이덴티티, 편익, 연상, 이미지 등을 애칭하는 소비자 언어로서 전략의 출발점이 되기 때문이다. 제품에 결함이 있으면 원료나 형태를 수정하면 되지만 한번 만들어진 이름은 쉽게 변경하기 어렵다. 지금까지 투하된 마케팅 활동과 비용이 모두 물거품이 되기 때문이다.

국내 추잉껌 시장의 역사를 다시 쓴 롯데 자일리톨 껌의 성공사례는 모든 마케터들에게 동경의 대상이다. 처음 출시해 실패한 후에 다시 도전해서 거둔 성과이기에 더욱 빛난다. 롯데 자일리톨 껌의 성과는 국내 식품분야에서 거의 신기원에 가깝다. 전체 츄잉껌 시장에서 과반수를 상회하는 시장점유율을 기록하며 기존 제과시장의 간판 격인 새우깡이나 오리온 '초코파이'를 제치고 100억대 매출을 달성한 것이다. 껌이 제과시장에서 1위에 오른 것도 처음이지만 출시 10개월 만에 정상에 오른 것 역시 국내 마케팅계에 혁신적인 사례로 손꼽히고 있다.

이처럼 화려한 성과에도 불구하고 롯데제과는 심각한 딜레마에 빠지지 않을 수 없었다. 이유는 두 가지였다. 첫째, 내부적으로 자사의 다른 껌 브랜드 사이에 심각한 자기잠식 현상이 일어났다. 둘째, 외부 경쟁사들이 원료명을 브랜드 네임으로 활용해 미투 전략으로 모방제품을 출시했다. 결국 롯데제과는 경쟁사와 법적 공방까지 가는 우여곡절을 겪었으며, 경쟁자뿐 아니라 자일덴트 치약이나 일반 과자 등 타 부문에서도 '자일리톨 함유'를 내세우면서 자일리톨 껌에 대한 브랜드 로열티를 희석시켰다.

마케팅 현업에서 가장 어려운 과업 중 하나가 새로운 브랜드 네임을 작명하는 일이다. 일반적으로 네이밍에 대한 원칙과 절차에 대해 잘 알고 있음에도 이를 직접 활용하는 것은 대단히 어려운 문제다. 실제로 브랜드 네임을 정하지 못해 전체적인 신제품 개발 일정이 지연되는 경우도 흔하다. 이를 해결하기 위해 소비자 공모전을 열거나 광고대행사에 네이밍을 의뢰하기도 하지만 처음부터 마케터의 마음을 사로잡는 브랜드 네임은 극히 드물다. 브랜드는 사후적인 마케팅 노력으로 만들어지기 때문이다. 실제로 아무리 성공한 브랜드라도 처음부터 마케터에게 확신을 주는 경우는 극히 드물다. 또 아무리 기가 막힌 이름을 짓더라도 시장에서 성공하지 못하면 결과적으로 실패작이 될 뿐이다.

행정적인 문제도 있다. 신제품 컨셉과 일치하고 참신한 브랜드 네임일지라도 다른 회사에서 이미 상표 출원했거나 상표등록 요건을 충족하지 못할 경우에는 쓸 수 없기 때문이다. 기어코 그 상표를 써야겠다면 기출원한 회사에 적정한 비용을 지불하고 해당 상표를 사용할 권리를 매입해야 하는데, 사안에 따라 수백만 원에서 수억을 호가하기도 한다.

최악의 경우 자사 브랜드가 특정 기업으로부터 유사상표나 상표권 침해로 법적 소송을 당할 수도 있으므로 평소에 상표법에 대해 충분히 숙지해야 한다. 아울러 평소 자사가 종사하는 분야에서 개발 가능성이 높은 신제품에 대해서는 지속적으로 상표 출원을 해두는 것이 좋다. 예컨대 애경 '2080치약'의 경우 '2090', '8020', '2008' 등 비슷한 숫자에 대해 상표권을 확보해두어 유사 브랜드가 나오지 않도록 방어했다고 한다.

신제품 출시를 앞두고 네이밍을 진행할 때 가장 당부하고 싶은 사항은 '신제품 컨셉과 일치하는 네임을 작명하라'는 것이다. 마케팅이 힘을 발휘하기 위해서는 통합 마케팅이 중요하듯이, 컨셉과 일치하는 브랜드 네임은 막강한 시너지를 창출할 수 있다. 특히 브랜드 네임이 제품 컨셉과 일치하면서 상표법의 보호를 받을 수 있다면 최고의 네이밍이다. 비교적 적은 마케팅 비용으로도 높은 브랜드 인지율과 제품 속성을 표방할 수 있을 뿐 아니라, 경쟁사의 미투 브랜드들이 줄줄이 출시될수록 자사의 브랜드 파워는 오히려 강화되기 때문이다.

일반적으로 브랜드 네임은 발음하기 쉬운 2~3자 이내일 때 가장 강력하다고 한다. 세계적으로 유명한 브랜드들을 보아도 대부분 2~4자로 구성돼 있음을 알 수 있다. 그런데 국내 시장에서는 '2%부족할때' 등의 설명적 브랜드가 크게 히트하는 경우도 많다. 한때 설명적 브랜드가 유행이 되어 파격적이고 이색적인 상표와 점포명으로 넘쳐나던 때도 있었다. 그러나 설명적 브랜드는 소비자가 쉽게 제품 특성이나 속성을 인지할 수 있는 반면, 경쟁사의 모방전략에 방어하거나 법적으로 상표권 보호를 받을 수 없고 글로벌 시장에서 통용되기 어렵다는 문제점을 안고 있다.

이처럼 독특한 브랜드들은 마케터와 경영자가 소신을 갖고 밀어붙이지 않으면 결코 탄생될 수 없다. 아울러 이러한 브랜드를 진행할 때는 브랜드명을 심벌이나 캐릭터로 반드시 디자인에 반영하는 것이 좋다. 물먹는하마의 캐릭터와 2%부족할때의 로고, 참진이슬로의 대나무가 좋은 사례다.

브랜드 매뉴얼로 관리하라

하나의 브랜드에 대해 체계적이고 일관된 마케팅을 수행하기 위해서는 브랜드 출시에서 현재까지 기록한 역사서가 반드시 필요하다. 브랜드에 대한 모든 마케팅 활동을 체계적으로 기술한 역사서가 바로 브랜드 매뉴얼(brand manual)이다.

브랜드 매뉴얼이란 한 가족의 족보에 해당하는 기록서로서 해당 브랜드에 대한 마케팅 활동과 매출액, 경쟁사 동향 등에 대한 모든 것을 망라한 지침서를 말한다. 브랜드 로열티를 체계적으로 관리할 수 있도록 하는 문서화된 마케팅 자산에 해당한다. 그러나 대부분 브랜드에 대해 파편화된 자료만 많이 쌓아두고 있을 뿐 정작 브랜드 매뉴얼을 만들어 일목요연하게 정리하고 있는 기업은 소수에 불과하다.

선진 다국적 기업들은 브랜드 매뉴얼이나 마케팅 매뉴얼을 반드시 문서화한다. 브랜드 매뉴얼이 필요한 이유는 다양하다.

첫째, 모든 마케팅 의사결정의 지침서로 활용 가능하다. 브랜드는 기업이 지닌 무형의 자산가치 중 핵심으로, 이처럼 소중한 자산가치를 체계적으로 정리하고 관리하는 것은 어쩌면 기본 중의 기본이다. 브랜드 매뉴얼은 미래에 마케팅 의사결정을 할 때 과학적인 판단기준을 제공하는 동시에 하나의 지표가 된다. 이는 일관된 브랜드 정책을 운영하는 데 매우 중요하다. 과거 역사를 돌이켜봄으로써 현재를 보다 풍요롭게 영위하는 것처럼, 선진 기업들은 과거의 브랜드 역사를 토대로 미래의 브랜드 전략을 일관성 있게 추진하고 있다. 온고지신(溫故之新) 관점에서 브랜드 관리를 진행하여 비용의 중복이나 마케팅 시행착오를 최소화하는 것이다. 이를 위해서는 브랜드 매뉴얼에 브랜드 런칭부터 현재 시점까지 객관적이고 체계적인 정보들이 종합적으로 담겨 있어야 한다.

둘째, 마케터들의 이동이나 퇴사·전직을 대비해 업무공백을 최소화할 수 있다. 마케팅 부서는 업무 특성상 다른 직종에 비해 이직과 이동이 심하다. 더욱이 헤드헌팅이 보편화된 오늘날에는 능력 있는 마케터는 1순위 스카우트 대상이 되곤 한다. 해당 브랜드에 대해 가장 많이, 자세히 알고 있는 사람은 팀장이나 임원이 아닌 브랜드 담당자다. 브랜드 매뉴얼을 체계적으로 관리할 경우 담당 마케터가 일을 계속하지 못하더라도 업무공백을 최소화할 수 있다. 반대로 브랜드 매뉴얼을 만들어두지 않으면 담당자 머릿속에만 있는 브랜드 역사를 모두 잃어버릴 수도 있다.

셋째, 전사적 차원의 통합마케팅 실행이 가능하다. 기업의 힘은 조직 시너지로 창출된다. 브랜드 매뉴얼을 작성해 유관부서를 비롯한 모든 구성원이 공유하는 것은 그 자체로 지식경영의 일환으로서 의미가 있다. 특히 브랜드 중심이 아닌 과업 중심으로 구축된 기업일수록 브랜드 매뉴얼은 더욱 필요하다.

넷째, 체계적이고 객관적인 DB 마케팅 실현이 가능하다. 기업에서는 때에 따라 숙련된 마케터의 경험과 직관에 의존해 일이 진행되기도 하지만, 본질적으로 마케팅 의사결정은 객관적인 지표를 기반으로 해야 한다. 대부분의 마케팅 업무는 광고효과나 소비자 조사를 정기적으로 수행하는데, 이에 대한 지속적인 업데이트 관리가 필요하다.

다섯째, 과거 브랜드 역사에 기반해 일관성 있게 브랜드를 관리할 수 있다. 브랜드 전략에서 중요한 요인 중 하나가 바로 브랜드 일관성을 지속적으로 유지하는 것이다. 브랜드는 영구불변하는 것이 아니라 시장변화 및 경쟁사 전략에 따라 소비자 마음속에서 지속적으로 움직이기 때문에 '관리'가 필요하다. 근시안적인 사고에 갇혀서 시장환경에 떠밀려 그때그때 대처하다가는 브랜드의 전체적인 일관성을 놓칠 수 있다.

어느덧 브랜드가 국경을 초월해 모든 시장경제를 지배하는 시대가 되었다. 오늘날의 브랜드는 단순히 상품을 식별하는 표식이 아니라 상품에 의미를 부여해 시장을 지배하는 원천적 힘이다. 마케팅 철학을 지닌 리더라면 이 점을 잊지 말아야 한다. 브랜드 로열티야말로 기업의 가장 큰 자산이다.

CHAPTER 04

기업 이미지로 마케팅하라

한국 기업사에 가장 오래된 친구이자 영원한 맞수인 현대와 삼성에 대해 느끼는 소비자들의 이미지는 크게 다르다. 이 차이는 어디로부터 발원되는 것일까? 대개 창업자의 경영철학이나 인사정책, 광고 전략 등을 떠올리곤 하는데, 나름대로 의미는 있지만 근본적인 원인과는 거리가 있다고 생각한다. 두 기업의 사업 출발점이 크게 달랐다는 점에서 더 본질적인 이유를 찾기 쉽다.

삼성이 제일제당, 제일모직 등과 같이 철저하게 소비재용품으로 사업을 시작해 삼성전자를 기반으로 한국을 대표하는 글로벌기업으로 도약했다면, 현대는 건설, 중공업, 자동차 등과 같이 선이 굵은 산업에서 시작해 B2C 시장으로 사업을 다각화했다. 소비재시장의 주인공은 단연 소비자이므로 고객을 대상으로 한 마케팅이 중요하다. 반면 B2B 산업재 시장의 핵심은 제품력을 기반으로 한 영업력이다. 이러한 차이가 오늘날까지 이어지고 있는 것이다.

삼성은 사업을 시작할 때부터 소비재시장에서 터득한 다양한 경험을 통해 마케팅 개념이 무엇인지 제대로 파악하고 있었다. 이에 비해 현대는 기업가정신 그대로 제품 자체를 견고하게 설계하는 데 주력한 느낌이다. 마케팅의 중심은 고객이고 핵심은 차별화다. 삼성이 자동차산업에 진출할 당시 TV 광고 컨셉으로 전면에 내세운 것은 '삼성이 만들면 다릅니다'였다. 이 한마디로 현대자동차와의 직접적 차별화 전략을 꾀하고자 했다. 그들은 마케팅의 핵심을 정확하게 파악하고 있었던 것이다. 그것은 바로 소비자의 머릿속을 선점하는 것.

반면 이미 세계적인 건설사로 성장한 현대건설은 아파트 공급물량이나 노하우 그리고 원천적인 기술력은 세계적으로 인정받고 있음에도 아파트 브랜드 파워 면에서는 삼성의 '래미안'이나 LG의 '자이'에 밀리고 있다. 이는 곧 마케팅 전략에서 밀린다는 뜻이다.

기업의 이미지를 결정하는 변수는 참으로 다양하다. 기업에서 판매하는 브랜드나 서비스를 떠올리는 사람이 있을 터이고, 제조과정에서 불거지는 이슈 또는 기업의 사회적 책임과 역할까지 떠올리는 사람도 있을 것이다. 이렇게 다양한 변수 중에서 기업으로서 소비자의 머릿속에 각인시킬 표상이 있다. 그것은 기업의 이름과 함께 이를 형상화한 심벌이다. 이를 소비자들의 마음속에 제대로 포지셔닝할 수 있다면 마케팅적으로 대단히 성공한 기업임이 분명하다.

기업의 존재 의미를 밝혀라

'하나를 보면 열을 안다'는 말이 있다. 그런가 하면 '열 길 물속은 알아도 한 길 사람 속은 모른다'는 말도 있다. 언뜻 정면으로 배치되는 것처럼 보이는 이들 금언이 공통되게 담고 있는 것이 있다. '첫인상'의 중요성이다. 우리는 누군가를 처음 만날 때 상대방의 내면보다 겉으로 노출된 외모를 보고 그 사람의 품성을 지레짐작한다. 이와 마찬가지로 기업을 평가할 때에도 기업의 실질적인 내면보다는 밖으로 노출된 기업의 형상이나 로고, 심벌, 이미지 등과 같은 시각적인 요소로 판단하는 경향이 있다. 이처럼 사람의 얼굴에 해당하는 기업의 일관된 이미지(인격)를 구축하기 위해 실행되는 경영전략이 CI(Corporate Identity)다.

소비자의 머릿속에 브랜드가 자리 잡는 데 결정적인 역할을 하는 것이 바로 CI다. '삼성'이라 하면 가장 먼저 무엇이 떠오를까? 문자로 구체화된 이미지나 형상, 심벌 등일 수도 있지만 대부분 반원형의 삼성 로고를 가장 먼저 생각할 것이다. 반대로 '현대' 하면 떠오르는 것은 무엇일까? 현대자동차와 현대아파트, 현대건설 등 저마다 다양한 개념을 떠올릴 것이다. 현대의 심벌은 계열사마다 각기 다르기 때문에 삼성처럼 단일한 이미지가 연상되기 어렵다. 그룹이 분리된 탓도 있겠지만 체계적으로 CI가 자리 잡지 못했다는 반증이기도 하다.

CI 전략은 미국에서 1930년대에 도입된 이후 1950년대 IBM과 코카콜라가 경영확대 일환으로 세련되게 발전시켜 오늘에 이르고 있다. 우리나라에서는 1970년대에 대기업과 은행에서 초기 개념으로 도입한 이래 88서울올림픽을 계기로 체계적인 CI의 필요성이 대두됐고, 1990년대 초 삼성이 세계화에 부합한 CI를 그룹 차원에서 도입하면서 국내 대기업을 중심으로 관공서까지 급속히 확대되기 시작했다.

CI 전략은 기업이나 공공단체가 가지고 있는 특정한 이미지를 시각적으로 단일화함으로써 대외적으로는 자사가 추구하고자 하는 이미지를 고객에게 정확히 정립하고 내부적으로는 임직원의 단결과 애사심을 고취하는 경영전략을 말한다. 1990년대에 국내 기업들 사이에서 CI가 급속하게 확산된 것은 국가 간 교류가 확대됨에 따라 기업도 글로벌 경영환경에 부합할 필요성이 대두되었기 때문이다. 글로벌 경쟁은 제품 간 경쟁의 차원을 넘어 어느 브랜드가 더 우수하냐는 브랜드 경쟁으로 압축되기 때문에, 기업은 고객 욕구에 부응한 '기업 브랜드 재구축'이라는 절체절명의 과제를 안게 되었다. 실제로 국내 기업이 CI를 구축한 시기는 글로벌 경영을 추구하며 브랜드를 재정비한 시기와 대략 일치한다. 성공적으로 CI를 구축한 대표적 기업으로는 LG(럭키금성), KT(한국통신), SK(선경), CJ(제일제당), Posco(포항제철) 등을 들 수 있다.

이 지점에서 알 수 있듯이 CI 전략은 마케팅의 브랜드 전략과 밀접하게 관련돼 있다. CI 전략은 기업 브랜드를 체계적으로 관리하기 위한 것인데, 이는 결국 마케팅의 목표와도 일치한다. 체계적으로 구축된 기업의 이미지는 소비자들에게 친근감과 신뢰감을 제공함으로써 감성적으로 경쟁우위를 확보할 수 있는 강력한 매개체가 된다. 또한 CI는 기업의 존립 기반을 다지는 상징적인 마크이자 기업의 미래전략을 구축할 수 있는 경영전략의 원천적 수단이다. 국내 대기업들이 막대한 자금을 투자해가며 글로벌 환경에 적합한 방향으로 CI를 정립한 것도 장기적인 측면에서 그만큼 투자 대비 효과에 대한 확신이 있었기 때문이다.

이 외에 일반적으로 CI 전략이 진행되는 시점은 CEO가 교체되거나 기업이 인수합병될 때, 주식을 상장하거나 창립주년을 맞이할 때다. 좁은 의미로서의 CI 전략은 기업의 상호변경이나 새로운 마크 제정 등 시각적 수단이 주된 것이지만, 넓은 의미에서는 기업이념이나 직원들의 의식변혁까지 포함한다. 따라서 CI 전략을 실행하는 데는 CEO의 의지가 가장 중요하며, 임직원들로부터 폭넓은 공감대를 이끌어낼 수 있는 리더십이 필요하다.

그런데 여기에서 경영자들이 유념해야 할 점이 있다. CI 전략의 성과는 대체로 오랜 시간이 지나야 나타난다는 것이다. 반면 경영자들은 CI 성과를 재촉하는 경향이 있다. 설상가상으로 CI를 구축한 뒤에 기대한 만큼의 성과가 발생하지 않을 경우 CI에 소요된 비용을 마케팅 투자가 아닌 손실로 여기곤 한다. 한마디로 '본전' 생각을 한다는 것이다. 이러한 이유로 CI 효과에 대해 업계에서도 긍정론과 부정론이 맞서고 있는 상황이다.

이를 해결하기 위한 방안은 단순하다. 기업명이나 심벌을 단순하게 변경하는 차원을 넘어 구축된 CI를 활용해 홍보하고 마케팅 관점에서 포장하는 등, 모든 임직원이 하나 돼 사후관리를 하는 것이다. CI는 단순하게 기업의 이름을 바꾸거나 심벌을 형상화하는 수준의 작업이 아니다. 그러므로 CI는 자사의 사업영역을 명확히 파악할 수 있는 숙련된 전문가에 의해 체계적으로 진행돼야 하며, 내부 고객인 임직원으로부터 공감대를 이끌어낼 때 효과가 배가될 수 있다.

브랜드나 슬로건을 제작할 때는 간결성과 기억용이성, 글로벌 지향성, 발음과 이를 디자인으로 표식화했을 때의 가시성을 충족해야 한다. 나아가 이름을 제대로 만드는 것도 중요하지만 기업의 지향점 및 활동과의 일관성이 더욱 중요하다는 사실을 기억해야 한다.

가시적으로 드러나는 CI의 외형만큼이나 내부 임직원들의 마음을 결속시키는 것도 매우 중요하다. CEO가 CI를 재구축한다는 의미는 기업정신이나 경영철학을 재구축해 임직원이 인식을 일대 전환할 수 있도록 분위기를 혁신하는 작업이다. 따라서 일회성 이벤트처럼 CI를 만들고 끝낼 게 아니라, 임직원들 간의 공감대를 형성해 그들의 행동방식을 CI에 맞게 변화시키는 조직풍토를 조성해야 한다.

브랜드를 뒷받침할 신뢰를 담아라

마케팅에서 CI 전략을 강조하는 이유는 분명하다. CI와 마케팅이 매우 긴밀한 관계에 있기 때문이다. CI를 성공적으로 구축한 기업에서 마케팅을 실행하는 것은 CI를 구축하지 않은 기업에서 마케팅을 수행하는 것보다 훨씬 수월하다. 특히 기업 브랜드를 중심으로 다품종을 생산하는 기업이라면 CI는 반드시 있어야 한다. 개별 브랜드를 모두 광고할 수 없는 여건상 기업 브랜드가 구매의사결정에 막대한 영향을 미치기 때문이다. 이는 한국인의 문화적인 특성과도 밀접한 관련이 있다. 우리나라 사람들은 고관여 상품을 구매할 때는 개별 브랜드 못지않게 메이커가 어디인지도 매우 중요하게 여긴다.

말이 나온 김에 한국인의 문화적 특성에 대해 잠깐 생각해보자. 국내 마케팅에 성공하려면 한국인의 특성을 알아야 한다. 워낙 특종이 많아서 외신기자들이 근무하고 싶어 할 만큼 한국인은 알다가도 모를 참으로 액티브한 민족이다. 다양한 특성들 중에서도 CI 전략 측면에서 놓치지 말아야 할 것이 '신뢰'와 관련된 것이다. 가끔씩 들리는 '삼성공화국'이라는 표현은 우리나라에서는 '삼성'이라는 타이틀만 있으면 어떤 사업을 하든 성공할 수 있다는 점을 강조한 말이다. 외국에서는 상상하기 힘든 대목이다. 한국인들은 왜 삼성이라 하면 무조건 믿을까?

한국인과 일본인의 다른 점을 어느 외국 공관은 이렇게 말했다. "일본인은 처음에 매우 친절하다. 그러나 시간이 지날수록 그것이 겉모습임을 알게 된다. 한국인은 다르다. 처음에는 낯설고 무뚝뚝해 보이지만 친해질수록 자신의 속마음까지 털어놓는 진솔함이 있다."

굳건한 신뢰야말로 서비스 마케팅의 핵심이다. 이것이 한국에서 신뢰에 기반한 브랜드 마케팅을 추진해야 하는 이유다. 예컨대 우리나라 사람이 자동차를 구매한다고 가정해보자. 제품 속성에 따라 자동차 선택 기준은 각자 다르겠지만 현대냐, 기아냐, 쌍용이냐 아니면 외제차냐에 따라 각기 다른 선입견을 가지고 있고, 이는 어떠한 형태로든 쏘나타,

K5, SM5 등의 개별 브랜드에도 영향을 미친다. 거칠게 말해, 한번 자신의 마음속에 굳건하게 자리 잡은 기업 브랜드에는 간까지 빼줄 정도로 '신뢰'란 한국인에게 중요한 요소다. 세계적으로도 이색적인 재벌(그룹) 문화가 국내 기업환경을 지배하는 현상도 이러한 문화적 특성에서 연원을 찾을 수 있다. 막강하게 구축된 그룹 CI를 등에 업고 사업 다각화를 추진하면 적어도 국내에서는 특별한 후광효과를 기대할 수 있기 때문이다.

이름에서 슬로건까지, 통일된 컨셉을 드러내라

CI 전략을 잘 세우기 위해서는 CI의 핵심구성요소를 먼저 알아야 한다.

CI를 구성하는 첫 번째 핵심요소는 기업의 '사명(社名)'이다. 기업의 비전이나 목표, 역할 등을 시각적으로 통합하는 CI 과정에서 기업의 이름과 로고는 대단히 중요한 이슈다. 기업의 이름은 사업을 정확하게 표방할 수 있어야 하고, 부르기 쉽고 기억하기도 쉬워야 한다. 물론 글로벌 시대에 맞게 작명하는 것도 매우 중요하다. 전 세계적으로 가장 잘 만든 브랜드로는 '코닥(Kodak)'을 꼽는다. 이들은 언어학자까지 동원해 어느 나라 사람이든 쉽게 발음할 수 있도록 만들었다고 한다.

사명과 함께 중요하게 다루어져야 할 것이 회사의 '로고'다. 로고란 기업 브랜드명을 한글과 영문을 활용해 시각적으로 독특하게 디자인한 것을 말한다. 로고는 CI의 가장 중요한 요소이자 시각적 커뮤니케이션의 기본이 되는 요소이기도 하다. 로고에서 가장 중요시되는 것은 '심벌과의 조화', '가독성', '독창성', '심미성' 등이다. 로고는 간결하고 상징성이 있어야 하며, 시각적으로 선명할수록 좋다. 상징적으로 디자인된 심벌마크과 회사명에 그래픽 요소를 부각시켜 시각적 인지도를 높인 워드마크로 구분할 수 있는데, 최근 세계적인 추세는 워드마크를 주로 활용하고 있다.

기업이 표방하는 '슬로건'도 핵심요소다. 슬로건은 기업이나 특정한 단체, 조직이 표방하는 궁극의 혜택을 정교하게 표현한 말이다.

브랜드에 대한 이해가 깊어지면서 기업의 범위를 넘어 도시 브랜드, 나아가 국가 마케팅 차원에서 국가 브랜드를 만드는 경우도 많아지고 있다. 국가 브랜드란 해당 국가에서 만든 상품의 품질을 신뢰할 수 있도록 국가의 이름에 살아 있는 가치(value)와 혼을 불어넣는 작업이다. 좁게는 상품에 부착되는 'Made in Korea', 'Made in China' 등과 같은 것을 지칭하지만, 넓게는 사회 전반의 문화적 부분까지 총체적으로 포괄하는 광범위한 개념이다.

전 세계에서 모범적으로 국가 브랜드 관리에 성공한 나라는 단연 일본이다. 이들은 이미 2005년에 정부와 기업이 하나 돼 'Made in Japan'에서 'Neo Japanesque(신일본양식)'로 모든 수출상품에 부착하는 국가 브랜드를 통일했다. 세계 시장에서 일본이란 브랜드를 장기적으로 체계화하겠다는 포석이다. 그 후 일본은 2010년부터 '제품'과 '기술' 위주의 국가 이미지를 '문화'로 돌리기 위해 '쿨 재팬(Cool Japan)'이라는 슬로건으로 국가 브랜드 위상을 높이는 데 일조했다. 실제 영국 퓨처브랜드가 선정한 2014~15 국가 브랜드 순위에서 일본은 1위를 차지했다.

이에 반해 우리나라는 어떤가. 기업의 'Made in Korea' 따로, 정부의 'Imagine your Korea' 따로 외치고 있는 양상이다. 세계적인 석학이자 마케팅 전문가인 잭 트라우트는 서울에 왔을 당시 이런 말을 남겼다. "한국은 국가 브랜드에 대한 명확한 포지셔닝이 없다."

2002년 월드컵을 계기로 사용된 '다이내믹코리아(Dynamic Korea)'는 초기에 '불안정', '흔들림'과 같은 느낌을 준다는 우려로 비판을 받았고, 한국관광공사에서 사용된 '코리아 스파클링(Korea Sparkling)' 슬로건에 대해서도 일부 외국인들이 대한민국을 '광천수의 나라'로 상상하는 등 혼동이 있었다. '코리아 스파클링'에 이어서는 '한국에서 새로운 영감을 얻으라'는 의미의 '코리아 비 인스파이어드(Korea Be inspired)'로 변경되었다. 2014년부터 쓰고 있는 '이매진 유어 코리아(Imagine your Korea)'가 과연 대한민국의 혼을 담고 있는 슬로건으로 적합한지 또한 심사숙고할 대목이다.

세계적 관광대국인 태국의 슬로건은 재치 있게도 '놀라운 태국(Amazing Thailand)'이다. 영국은 2012년 런던올림픽을 계기로 '그레이트 브리튼(GREAT Britain)'을 국가브랜드 슬로건으로 쓰고 있다. 과거의 영광을 상징하는 이 표현을 창의적·혁신적이라는 이미지와 결합한 것이다. 인도에 가본 사람이라면 누구나 공감할 수밖에 없는 '믿을 수 없는 인도(Incredible India)'라는 슬로건은 또 어떤가. 한국만의 특성을 세계에 알리고 긍정적인 인식을 심어주고자 한다면 각국의 컨셉을 표방한 경쟁국들의 국가 브랜드 슬로건을 면밀히 분석해야 한다.

과거의 기업이 제품을 팔았다면, 현재는 이미지를 파는 시대다. CI가 성공적으로 구축되면 다양한 분야에서 마케팅비용을 절감할 수 있을 뿐 아니라 개별 브랜드로 유인하는 시너지 효과도 창출된다. 국내 기업들에게 CI 전략은 기업의 규모나 업종, 지리적 위치를 떠나 반드시 추진해야 할 필수적인 요소다. 나아가 미래를 대비한다면 더더욱 강력한 CI를 구축해야 함을 잊지 말자.

CHAPTER 05

마케팅 중심 조직을 구축하라

기업을 구성하는 다양한 요소들 중에서 가장 중요한 것이 무엇일까. 이 질문은 우매할 수 있다. 기업을 구성하는 근간은 당연히 사람이기 때문이다. 그래서 한자로 '企業'을 쓸 때에도 '人'에서 출발한다. 사람들이 모인 집합체가 기업이고, 기업은 사람들에 의해 돌아가는 시스템 아닌가. 따라서 뛰어난 인재야말로 기업에서 가장 소중한 자산이 된다. 의식 있는 리더들은 이러한 근원적 생리를 잊지 않고, 우수한 인재를 유치하는 데 언제나 최선을 다한다.

기업의 존립목표는 지속적인 수익창출로 집단이익을 실현하는 것이다. 이를 위해 기업들은 사업특성에 따라 전략적 사업단위로 조직을 운영한다. 기업에 소속된 모든 부서는 서로에게 없어서는 안 될 소중한 존재로, 기업의 힘은 각각의 조직력이 결합된 시너지에서 나온다.

그럼에도 각각의 부서들은 실제로 업무를 진행하는 과정에서 상반된 이해관계 때문에 종종 갈등을 빚곤 한다. 주로 자기 부서의 이익을 먼저 고려하기 때문에 발생하는 현상이며 조직이 클수록, 관료화된 조직일수록 부서 간 힘겨루기는 심해진다. 합리적으로만 관리된다면 적당한 갈등은 오히려 조직에 활력을 불어넣고 선의의 경쟁구도를 형성해 긍정적인 성과로 연결될 수 있다. 그러나 어느 한쪽이 강압적으로 제압할 때는 부정적인 결과를 피하기 어렵다. 때로는 전체 조직이 와해 직전까지 가는 심각한 상황도 일어날 수 있다.

각각의 부서마다 책임과 역할이 서로 다르기 때문에 갈등은 발생할 수밖에 없다. 문제는 갈등을 해결하는 리더의 철학과 자세다. 갈등을 조정하고 방지하는 원칙이 있어야 한다. 그 원칙 중 하나는 기업의 성과를 책임지는 핵심부서에 힘을 몰아주는 지혜가 아닐까 한다.

기업에는 전사적인 차원에서 회사의 핵심지표를 관리하는 부서가 있어야 한다. 전쟁 같은 시장경쟁에서 승리하기 위해서는 전반적인 전략과 전술을 계획하고 집행하는 핵심부서가 필요하다. 주로 전략기획부서나 경영기획부에서 이러한 역할을 수행하는데, 이들의 한계는 시장을 제대로 이해하지 못한다는 점이다. 이에 비해 마케팅은 기획과 실행을 모두 책임지는 부서로 시장의 이해도가 가장 높고, 실질적으로 숫자를 책임진다. 이 점을 인식하는 CEO들은 마케팅 부서로 하여금 핵심지표를 수립하고 집행하도록 하며, 마케팅 지향적인 의사결정을 내리곤 한다.

비전으로
인재를 모아라

'비전(vision)'의 사전적 정의는 '내다보이는 장래의 상황, 이상, 전망'이다. 비즈니스에서 흔히 말하는 비전이란 기업이 추구하는 장기적 목표와 바람직한 미래상을 의미한다. 이것은 막연한 꿈이나 희망이 아니라 미래의 목표와 현실을 연결하는 구체적인 전략이다. 비전은 개인에게나 기업, 국가에도 특별한 의미를 가진다. 개인에게 비전이 없으면 인생에서 성공하기 힘들고, 비전 없는 기업은 오래지 않아 시장에서 사라지게 마련이다. 반면 명확한 비전은 사업의 전략방향을 제시하며, 임직원에게 동기부여와 참여의식을 유발함으로써 조직활성화에 기여한다. 비전이 명확한 기업의 임직원들은 확고한 목표의식과 공유가치에 따라 일사불란하게 행동하므로 조직역량 또한 흐트러짐 없이 단단히 결집된다.

이러한 비전은 어디로부터 발원되는 것일까? 다름 아닌 CEO의 경영철학이다. 따라서 CEO라면 회사의 상황과 여건에 알맞은 비전을 제시해야 할 의무가 있다. 명확한 비전을 만들 때는 5가지 원칙이 있다.

첫째, 비전은 실현 가능해야 한다. 마음만 앞서거나 바람만 표현한 비전은 제대로 된 비전이 아니다. 너무 이상적이어도 곤란하다. 말 그대로 눈에 보이듯이, 실행 가능한 비전이어야 한다.

둘째, 비전은 담대해야 한다. 실현 가능한 꿈만으로는 비전이 보이지 않기 때문이다. 목표가 대담해야 평소와는 다른 행동으로 실행될 수 있다.

셋째, 비전은 미래지향적이어야 한다. 그래야 불만족한 현재를 타파하고 조직이나 사람을 이끄는 힘이 생기고 사람의 가슴을 뛰게 할 수 있다. 가치 있고 바람직한 미래상을 제시함으로써 사람의 마음을 움직이게 해야 비로소 비전이라 할 것이다.

넷째, 비전은 구체적이어야 하며 복잡해서는 안 된다. 가급적 구체화된 숫자로 제시돼야 사람들이 무엇인지 정확히 이해하고 선명하게 그림을 그릴 수 있다. 비전이 복잡하면 기억하기도 힘들 뿐 아니라 모호해질 우려가 있다.

다섯째, 비전에 목표한 기간이 명시돼야 한다. 그래야 단계별 전략이 나오고 하부 실행단의 전술을 수정하거나 보완해갈 수 있다.

이러한 5가지 원칙에 충실한 비전으로 손꼽히는 것이 미국 케네디 대통령의 이른바 '달 착륙(man on the moon)' 비전이다. 세계적으로 표본이 될 정도로 구체성과 미래지향, 시점, 대담성을 모두 갖춘 비전으로 평가된다. 삼성전자가 창립 40주년을 맞아 발표한 '비전 2020'에도 이러한 5가지 요건이 상당 부분 녹아들어가 있다. 삼성전자는 비전의 최상위 슬로건으로 'Inspire the World, Create the Future'를 표방했다. 참고로 그들이 홈페이지에서 밝힌 비전은 다음과 같다.

"2020년을 향한 삼성전자의 비전은 'Inspire the World, Create the Future'입니다. 이는 우리가 가지고 있는 New Technology, Innovative Products, Creative Solutions을 통하여 미래사회에 대한 영감을 불어넣고, 산업(Industry), 동반자(Partner), 임직원(Employee)의 새로운 가치

를 도모함으로써, 궁극적으로 인류사회의 번영을 가져오는 새로운 미래를 창조하기 위한 삼성전자의 의지입니다.

우리의 목표는 2020년 매출 4000억 달러, 브랜드 가치 Top5를 달성하는 것이며, 이를 위해 창조경영, 파트너십 경영, 인재경영을 3대 전략 방향으로 설정하였습니다.

삼성전자는 기존 사업의 성과를 극대화하는 것은 물론 건강, 의료, 바이오 등을 포함한 새로운 사업영역을 적극 개척하여 시장을 창출하는 창조적인 리더, 인류사회의 번영에 기여하고 고객으로부터 사랑받는 진정한 글로벌 No.1 기업이 되기 위해 최선의 노력을 다하겠습니다."

CEO의 인사철학이 근간이다

기업은 사업특성에 따라 조직을 사업단위나 부서, 팀제로 운영하면서 필요에 따라 사람들을 이동 혹은 배치한다. 적재적시에 이루어지는 인력의 수급과 배치는 곧 기업의 경쟁력이라는 사실을 누구나 알 것이다. 그래서 기업에서 인사란 고유의 경영권이자 매우 민감한 사안으로 인식되곤 한다. 직장인들은 현재의 업무에서 벗어나 다른 업무를 하고 싶은 때가 있다. 하지만 기업의 인사시스템을 고려할 때 이것은 불가능에 가깝다. 기업에서 인사와 관련된 문제는 심리적으로 미묘하게 얽혀 있기 때문에 부서 간 이해관계에 따라 인력배치가 조정되거나 경영층의 판단에 따라 인사가 이루어지고, 정작 당사자 본인의 의사와는 무관하게 진행되기 일쑤다.

이 과정에서 부작용이 나타나기도 한다. 직장인을 대상으로 한 설문조사에서 공통적으로 나타나듯이, 회사생활의 가장 큰 스트레스는 업무가 아니라 인간관계다. 인간관계에 따라 조직의 만족도가 크게 달라진다는 뜻이다. 기업에는 수평적 갈등에서 수직적 갈등에 이르기까지 다양한 갈등이 상존한다. 이직의 원인도 업무보다는 부서장과의 갈등 때문인 경우가 많다. 사람들이 모인 집합체이기 때문에 어쩔 수 없이 발생하는 이슈이긴 하지만, 과연 이직 외에 다른 대안은 없는 것인지 경영자라면 진지하게 자문해야 할 문제다.

이러한 문제점을 해결할 수 있는 근본적인 해법도 결국 CEO의 인사철학에 달려 있다. CEO가 부서장에게 인사권을 일임하고 이를 지원하고 조정하는 역할을 수행할 때 성공적인 인사정책을 실현할 수 있다. 물론 임원이나 경영진에 대한 인사는 CEO가 적극적인 자세로 임해야 한다. 리더급의 인사에 따라 조직 전체의 인사정책이 달라질 수 있기 때문이다. 리더급을 제대로 채용하고 적재적소에 배치하면 하부의 조직들도 효과적으로 배치되고 관리될 수 있다.

CEO의 인사전략은 구성원의 능동성을 극대화하는 방향으로 추진되어야 한다. 즉 구성원들의 잠재능력을 최대한 발휘하게 해 스스로 최고의 성과를 달성하도록 하며, 그들이 인간으로서 만족을 느끼도록 하는 일련의 체계적인 관리활동이 뒤따라야 한다. 기업에서 인사관리의 목적은 경영목적의 효율적인 달성에 기여하는 것이다. 그럼으로써 이익과 생산성, 비용, 품질, 이직률 등을 개선하는 데 있다. 따라서 인사관리자는 구성원 각자의 욕구를 충족시킴으로써 기업 내부의 협력을 이끌어내고 있는지 정기적으로 조사하여 측정하고 관리해야 한다.

CEO가 합리적인 인사정책을 효과적으로 운영하려면 KPI 관리가 철저하게 이루어져야 한다. 이를 효율적으로 관리할 수 있는 시스템을 정착시키는 것이 곧 CEO의 역할이기도 하다. CEO가 합리적으로 KPI 정책을 운영하기 위해서는 몇 가지 지켜야 할 원칙이 있다.

첫째, 부서별로 정확하게 KPI 목표를 수립해야 한다. KPI 목표에 따라 전략방향이 달라지기 때문에 부서의 특성과 성격에 따라 핵심지표를 선별하는 작업이 선행돼야 한다. 이를 통해 객관적인 지표를 발굴해 KPI 목표를 수립하는 것이 수순이다.

둘째, KPI 지표는 구체적이어야 한다. 정량적인 지표는 물론 정성적인 지표를 작성할 때에도 애매모호한 표현은 지양하고 명확한 단어로 설정할 필요가 있다. 목표가 구체화될 때 실행도 구체적으로 전개될 수 있다.

셋째, 설정된 지표는 부서 간에 서로 공유돼야 한다. 부서마다 측정되고 관리되는 지표가 서로 다를 수 있기 때문에 정보공유를 통해 의견일치를 보는 것이 중요하다.

넷째, 평가의 공정성이다. 공정한 평가는 목표를 수립하는 것보다 어쩌면 더욱 중요할지도 모른다. 평가를 진행할 때에도 부서 책임자들을 참여시켜 객관적으로 진행하는 것이 좋다. 서로에 대한 오해를 불식시키고 의견일치를 보기 위함이다.

마케터의 역량을 강화하라

기업활동에는 재무, 인사, 전략 등 다양한 부문이 포함돼 있다. 무엇 하나 중요하지 않은 분야는 없지만 최근 기업 경영환경에서는 브랜드 로열티가 기업의 가장 중요한 자산가치로 등장하면서 브랜드를 관리하는 마케팅이 기업의 핵심부서로 부상하고 있다. 자신이 맡은 분야만 할 줄 아는 근대적인 경영방식과 달리, 마케팅은 기업의 경영환경을 구성하는 지엽적인 요소가 아니라 경영전반을 포괄하고 있는 총체적인 개념으로 받아들여지고 있다. 이러한 흐름은 이미 하나의 대세로 정착되고 있다.

마케팅 목표와 경영목표는 대체로 일치한다. 다양한 기업 컨설팅 중에서도 마케팅 전문가들이 가장 왕성한 활동을 펼치고 있다는 사실은 마케팅의 중요성을 잘 보여준다. 사회의 모든 부문에서 브랜드가 중심을 이루는 시대가 도래한 것이다. 최첨단 IT산업에서부터 1차산업인 농수산물에 이르기까지 모든 유무형의 상품들에서 브랜드 개념이 체계적으로 도입되고 있다. 시장이 성숙할수록, 참여하는 업체수가 많을수록, 단일시장의 규모가 크면 클수록 더욱 정교한 형태로 세분시장에서 브랜드 파워는 빛을 발할 것이다.

이 점을 인식한다면 브랜드를 중심으로 경영환경을 재편해야 한다. 브랜드는 기업수익을 창출하는 원동력이자 지속가능한 성장의 핵심으로 확고하게 자리를 굳혔다. 기업은 망해도 1등 브랜드는 쉽게 사라지지 않는다는 사실은 이를 잘 대변한다. 이런 점에서, 브랜드 전반을 관할하는 마케터의 역할은 아무리 강조해도 지나침이 없다.

다만 이 말에 오해가 없기를 바란다. 기업 구성원 중 마케터가 가장 중요하다는 뜻이 아니다. 그보다는 마케터의 개념을 확장해 이해할 것을 권한다. 마케터란 기업에서 브랜드와 관련된 업무를 수행하는 모든 사람들을 말하는데, 이런 정의에 따르면 기업 브랜드 전반에 대한 PR을 담당하는 홍보파트부터 고객접점에서 커뮤니케이션을 수행하는 텔레마케터(TM)에 이르기까지 기업 구성원 모두를 마케터로 볼 수 있다. 리더는 기업경영 환경 전반에서 이들 모두를 마케팅 마인드로 무장시켜야 한다.

그중에서도 특히 브랜드 자체를 관리하는 브랜드매니저의 역할은 매우 중요하다. 소비재 회사에서와 같이 개별 브랜드가 중심인 기업에서 기업 간 경쟁은 곧 브랜드를 관리하는 마케터들 간의 브레인 경쟁을 의미한다. 따라서 능력 있는 마케터가 많은 기업일수록 미래의 경쟁력 또한 밝을 수밖에 없다.

업계를 불문하고 마케팅 분야에 종사하는 이들이라면 다음의 5가지 공통적인 역량을 갖춰야 한다. 마케터의 역량에 따라 기업의 경쟁력이 달라지는 만큼, 경영자라면 이 5가지를 반드시 갖추도록 마케터들을 이끌어야 할 것이다.

첫째, 마케터에게는 마케팅 환경변화를 선도해야 할 의무가 있음을 각인하라. 마케팅이 펼쳐지는 시장(고객, 경쟁사, 유통, 법적환경 등)은 계속해서 변화한다. 이들은 서로 긴밀한 관계를 형성한 채 유기적으로 변화하는 특징이 있다. 마케터에게는 이러한 환경변화를 예측하고 자사에 미칠 영향력을 파악해 대처하는 슬기로운 자세가 요구된다. 나아가 경쟁사와 고객의 움직임을 주시하면서 한발 앞서 변화를 리드해야 한다. 마케터에게 이러한 역량이 부족하면 그 기업은 시장에서 영원히 후발주자로 남을 수밖에 없다.

둘째, 마케터는 언제 어떤 상황에서든 고객 입장에서 생각하는 역지사지(易之思之)의 자세를 잃지 말아야 한다. 기업에서 브랜드 전략을 수립하고 실행하는 마케터이기 이전에 현대사회의 한 소비자로서, 주로 어느 백화점을 이용하고 인터넷쇼핑몰을 선택하는 기준이 무엇이고, 왜 특정 식당에 자주 가는지에 대해 스스로 매우 잘 알고 있을 것이다. 그런데 막상 기업에서 고객을 위한 마케팅 전략을 수립할 때면 고객의 편익은 간과한 채 기업의 입장만 고려하곤 한다. 이는 소비자로서 자신이 일상의 마케팅을 판단하는 기준을 망각한 것이다. 마케팅 계획을 세울 때에는 반드시 고객의 관점을 기억하고 고객과 기업의 입장을 모두 고려하는 자세가 필요하다.

셋째, 마케터는 마케팅의 결정체인 브랜드 로열티를 강화해야 한다. 유, 무형 자산을 통틀어 브랜드 로열티가 기업의 가장 큰 자산가치라는 공감대가 형성되면서 브랜드 로열티에 대한 업계의 관심이 모아지고 있다. 마케팅의 핵심업무 또한 당연히 브랜드 로열티를 강화하는 방향으로 맞춰져야 한다. 즉 브랜드 로열티는 모든 마케팅 활동이 녹아들어간 마케팅의 결정체로, 미래에는 1등 브랜드를 얼마나 소유하고 있느냐의 여부로 기업순위가 매겨질 것이다. 이러한 추세를 반영하듯이 선진국에서는 기업의 자산을 평가할 때 실제로 회계장부에 브랜드 로열티를 측정해 반영하고 있다. 기업의 마케터는 이러한 1등 브랜드를 만들고 강화할 의무를 지닌다. 그렇다고 1등 브랜드가 마케터 혼자만의 힘으로 만들어진다고 섣불리 착각하지는 말자. 브랜드에 대한 리더의 이해와 확고한 의지, 전폭적인 지원이 뒤따를 때 비로소 만들어질 수 있다.

넷째, 마케터는 타이밍을 관리해야 한다. 특히 '최초'가 될 의무를 지닌다. 최근의 미국 대학들은 마케팅원론 교과서를 덮고 사례 중심으로 마케팅 수업을 진행한다고 한다. 마케팅이 그만큼 외부의 다양한 환경요인으로부터 영향을 받으며, 특정 시점에 따라 마케팅 성과도 크게 달라질 수 있기 때문이다. 마케팅에서 타이밍은 매우 중요한 개념으로 마케터는 브랜드와 시간을 연계해 관리해야 한다.

특히 신제품을 개발할 때 1등 브랜드를 만드는 첩경은 선도자가 되는 것이다. 《마케팅 불변의 법칙》에서도 '더 좋은 것보다 맨 처음이 낫다'는 '선도자의 법칙'이 첫 번째로 꼽히지 않는가. 아주 특별한 경우를 제외하고 대다수 카테고리의 1등 자리는 시장에 가장 먼저 진입한 브랜드들이 차지하고 있다.

최초로 시행하는 마케팅 활동이 강력한 이유는 시장에서 브랜드 리더십을 확보할 수 있기 때문이다. 따라서 마케터는 모든 마케팅 계획을 진행할 때 '지금이 최적의 타이밍인가?'란 변수를 항상 고려해야 한다. 흔히 마케팅은 '제품의 싸움이 아니라 인식의 싸움'이라 하는데, 소비자 인식을 지배하는 가장 큰 요인이 바로 타이밍이다. 시장에 후발로 진입하면서 컨셉을 차별화하는 것보다 먼저 진입하는 것이 더 중요하다는 사실을 간과하지 말아야 한다. 또한 TV 광고 컨셉이나 기존 제품 리뉴얼, 판매촉진이나 이벤트를 진행할 때, 그리고 브랜드 확장을 시도할 때에도 반드시 타이밍과 연계한 마케팅 의사결정이 이루어져야 한다. 브랜드도 사람의 삶과 마찬가지로 한번 잃어버린 타이밍은 돌이킬 수 없고 이를 만회하려면 막대한 마케팅 비용을 지불해야 하기 때문이다.

다섯째, 마케터는 숫자를 관리할 의무를 지닌다. 기업에서 마케터의 목표는 명확하다. 그것은 바로 담당 브랜드에 대한 목표수익 창출이다. 이러한 각각의 브랜드 목표들이 모여 기업의 전체목표를 구성한다. 물론 그렇다고 해서 마케터를 평가할 때 '매출이 곧 인격'이란 관점에서 접근하는 것은 매우 위험한 발상이다. 해당 지역이나 유통경로의 판매를 전담하는 영업부를 평가할 때는 매출목표가 절대기준이 될 수 있을지 몰라도, 마케터를 매출로만 평가하는 것은 매우 잘못된 생각이다. 마케터 평가는 광고비점유율과 연계된 시장점유율지수와 브랜드 로열티지수(최초인지도, 비보조인지도 지수 등), 브랜드목표 대비 실적지수 등을 일정 비율로 조합해 평가하는 것이 타당하다.

마케터가 이러한 역량을 강화하기 위해서는 조직 차원에서 다양한 교육기회를 제공해야 한다. 자체 교육만으로는 한계가 있으니 외부 전문 교육기관에서 브랜드나 마케팅, 영업에 대한 다양한 프로그램을 활용하는 것도 좋은 방법이다. 마케터를 교육에 참여시킴으로써 단순히 개인의 역량만 높이는 것이 아니라 회사에 필요한 벤치마킹의 기회를 얻거나 아이디어를 도출할 수도 있다. 마케터에 대한 투자는 곧 브랜드에 대한 투자이자 기업에 대한 투자를 의미한다. 그러니 잠깐의 비용을 아끼려 하지 말고, 지속적인 역량개발을 통해 브랜드에 꾸준히 힘을 불어 넣어야 할 것이다.

PART 2

마케팅 전략을 설계하라

CHAPTER 06

히트상품, 5대 원칙을 기억하라

기업이 성장하기 위한 동력은 의외로 간단하다. 히트상품을 발굴하는 것이다. 역량 있는 CEO는 이러한 사실을 누구보다 잘 알고 있다. 그러나 말처럼 쉽지 않은 게 히트상품 개발이다. 유사상품이 범람하고 업종과 국경조차 무의미한 글로벌 무한경쟁 시대에 히트상품을 만들어내기란 여간 어려운 일이 아니다.

예술가의 꿈이 역사에 기록될 '불후의 명작'을 남기는 것이라면, 신제품 개발자들의 꿈은 세계적인 히트상품을 만드는 것이다. 그러나 히트상품 개발은 예술가들이 불후의 명작을 창조하는 것만큼이나 어려운 마케팅 과업이다. 이를 증명이나 하듯이 시장에는 하루에도 수백수천 개의 신제품이 출시되고 있지만 동시에 그만큼의 제품들이 사라지기도 한다. 시장에서 신제품 성공률이 30%를 넘지 못한다는 사실은 상품

개발의 어려움을 잘 설명해준다. 그럼에도 지속가능한 성장을 달성하려면 기업들은 적재적시에 히트상품을 개발해야 한다. 이는 단순한 의무를 넘어 일종의 사명(使命)과도 같다.

옛것을 익히고 그것으로 미루어 새것을 안다는 '온고지신(溫故知新)'이란 말이 있다. 지금부터 과거 히트상품들을 돌아보며 그들이 시장에서 소비자들의 사랑을 받으며 히트상품이 될 수 있었던 근본적인 이유와 공통점, 키워드를 정리해보고자 한다. 로마가 하루아침에 이루어지지 않았듯이 이들도 어느 한순간에 시장을 장악한 것은 아니다. 철저한 고객분석과 경쟁사 분석, 마케팅믹스의 활용과 시의적절한 커뮤니케이션이 뒷받침됐기 때문이다.

1.
최초 진입

"The First, The Best!" 히트상품을 개발하는 데 가장 중요한 원칙은 앞에서도 몇 차례 강조했던 시장 최초 진입 원칙이다. 몇몇 예외를 제외하고 카테고리에서 1등 브랜드를 차지하고 있는 제품들의 공통점은 시장에 가장 먼저 진입한 제품이라는 점이다. 마케팅은 제품의 싸움이 아니라 인식의 싸움이며, 소비자 인식을 가장 크게 지배하는 변수가 바로 시장진입 순서이기 때문이다. 특히 경쟁사들의 진입이 늦어질수록 선발 브랜드는 그 자체로 카테고리 브랜드로 통용되기도 한다. 이처럼 타이밍은 마케팅에서 가장 중요한 개념이다. 오죽하면 "전쟁(시장)에 패배한 장수(마케터)는 용서받을 수 있어도, 전장에 늦은 장수는 결코 용서받을 수 없다"라는 진담 같은 농담이 전해지겠는가.

실무에서 마케터가 가장 초조할 때는 경쟁사가 혁신적인 제품을 개발해 블루오션을 창출하거나 개척했을 때다. 여기에 튀는 마케팅 프로모션까지 가미해 급속하게 시장을 키워가는 것을 보고 있자면 마케터들은 초조함에 피가 마른다. 마음이 급해진 이들은 경쟁사 제품과의 차별화 전략을 모색하기보다는 그들의 약점을 찾는 데 골몰하고, 그렇게 아까운 시간을 허비하느라 정작 차별화된 아이디어를 떠올리지 못했으니 급한 대로 카피 제품을 출시한다. 자기들 딴에는 다르게 만들었다고 하지만 정작 소비자가 보기에는 뭐가 다른지 알 수 없는 '차별화를 위한 차별화' 제품들이 쏟아진다. 그럼으로써 경쟁사를 견제하기는커녕 오히려 초기 시장형성기에 경쟁사를 도와주는 역할을 한다.

시장에는 '첫 번째'가 되지 못한 채 허둥대다 사라졌거나 영원히 2인자에 머무는 제품들이 숱하게 많다. 유능한 마케터라면 이러한 관행에서 과감히 탈피해야 한다. 새로운 영역을 개척할 수 있는 프런티어 정신으로 무장해야 한다. '용의 꼬리보다는 닭의 머리가 낫다'고 하지 않는가.

물론 신상품을 개발해야 하는 마케터의 고충을 모르고 하는 말은 아니다. 실무에 직접 관여하지 않은 제삼자 입장에서는 신제품 개발이 다소 쉬워 보일지 몰라도 최초 진입하는 상품을 개발한다는 것은 실로 어려운 일이다. 실제로 많은 사람들이 부러워하는 최초 진입 상품도 그 내막을 자세히 들여다보면 차마 공개하지 못할 험난한 의사결정 과정이나 에피소드가 많았음을 알 수 있다. 단적인 예로 현업에서 소비자를 설득하는 것보다 더 힘든 것이 CEO나 경영진으로부터 신제품 컨셉에 대한 공감대를 이끌어내는 일이다. 특히 최초로 시장을 개척하는 제품일 경우 경영진을 설득하려면 철저한 논리적 근거는 물론 두둑한 배짱과 용기도 필요하다.

반대로 실무자들의 의견을 수렴하는 의사결정자들은 자신의 경험에 의존한 편견이나 아집을 버리고 객관적인 시각으로 신제품 컨셉을 평가해야 하며, 그에 맞는 결단을 내려야 한다. 아무리 신제품 컨셉이 혁신적이어도 제안하는 사람이 용기가 부족하면 시장에서 빛을 볼 수 없다. 물론 리더의 결단력이 없어도 결과는 마찬가지다.

히트상품은 그 시대의 사회상이나 트렌드를 반영하는 특징도 가지고 있다. 그래서 히트상품을 통해 그 시대의 주요 트렌드를 분석하기도 하고, 거꾸로 트렌드를 보고 히트상품을 기획하기도 한다. 여기서 리더의 혜안이 필요하다. 트렌드의 변화가 감지되는 시점에서 이것이 일시적인 유행(fad)인지, 아니면 하나의 대세인지를 정확히 판단할 수 있어야 한다. 시대의 주요 트렌드로부터 미래에 어떤 상품이 각광받을지 유추할 수 있기 때문이다.

신제품 개발전략은 크게 선발전략과 대응전략으로 구분할 수 있다. 어떤 유형을 추구하느냐의 문제는 기업문화나 CEO의 스타일에 따라 달라질 것이다. 과거와 달리 현대는 격동의 시대다. 과거에는 수십 년에 걸쳐 일어났던 변화가 불과 몇 개월 만에 일어나고 있고, 이 소용돌이를 이겨내지 못하는 기업은 시장에서 도태되거나 사라질 수밖에 없다. 긴장감 없이 기존의 시장을 향유하거나 현상유지에 몰두하는 것은 곧 몰락을 의미한다. 우수한 CEO라면 최초 진입의 원칙을 직시하고, 선발 전략에 의한 신제품 개발이 최상의 방어임을 잘 알고 실천해야 할 것이다. 후발주자가 되어 공격할 기회를 노릴 수도 있겠지만, 공격은 방어보다 어렵고 인내와 용기가 필요하다는 점을 잊지 말자.

2. 컨셉 차별화

이 원칙의 핵심은 전쟁에서 승리할 수 없다면 전쟁터를 옮기라는 것이다. 개중에는 1등 브랜드와 정면승부를 벌여 멋지게 이기는 장면을 연출하고 싶어 하는 경영자들이 있다. 그러나 2위 기업이 '10번 찍어 안 넘어가는 나무 없다'라는 전략으로 1위를 흉내 내거나, 1위와 동일한 영역에서 적당하게 차별화된 신제품으로 1위를 공략하는 것은 무모한 자멸을 뜻한다.

그렇다면 이들을 공략하기 위한 최선책은 무엇일까? 그 답은 1등 브랜드와 싸워왔던 전장에서 새로운 곳으로 싸움터를 옮겨 시장의 주도권을 장악하는 것이다. 성숙한 시장에서 1등 브랜드 기업과 파워 면에서 우열을 가리기 어렵다면 더욱더 전쟁터를 옮기는 전략에 주목해야 한다. 반대로 도전자의 공격에 직면한 1등 브랜드 기업도 본 전략에 유념할 필요가 있다. 경쟁사의 차별화된 전략에 휘말릴 경우 한꺼번에 모든 것을 잃을 수 있기 때문이다.

컨셉 차별화는 게임의 룰을 변화시켜 시장 지배력을 확보하기 위한 전략으로, 규모가 크거나 성숙한 시장에서 활용될 수 있다. 실제로 틈새시장을 파고들어 강력한 1등 브랜드를 제압한 대부분의 히트상품들은 컨셉 차별화에 성공한 브랜드들이다. 즉 나무를 쓰러뜨리기 위해 10번 찍는 대신 도끼를 버리고 전기톱과 같은 새로운 연장을 선택하는 아이디어가 이 전략의 핵심이다.

이를 가장 성공적으로 수행한 국내의 고전적 사례로, OB맥주와 크라운맥주의 대결에서 '지하150m 천연암반수'라는 광고로 맥주 본원적 속성인 '깨끗한 물' 컨셉을 내세워 1등 브랜드에 등극한 '하이트'가 있다. 이 밖에도 삼양라면의 아성을 무너뜨린 '신라면', 그리고 미원의 대항마로 '미풍'을 출시했다가 패배를 맛본 후 '고향의 맛'이란 컨셉으로 국내 조미료시장을 평정한 CJ '다시다' 등을 예로 들 수 있다.

최근의 컨셉 차별화 사례로는 롯데의 프리미엄 맥주 '클라우드'가 있다. 클라우드의 제품 컨셉은 '물 타지 않은 맥주'다. 과거의 맥주가 '깨끗한 물'을 썼는지를 두고 경쟁했다면, 클라우드는 관점을 바꿔 '물을 타지 않았다'는 특장점을 차별화된 컨셉으로 내세웠다.

이 전략이 성공하기 위해서는 반드시 필요한 후원자가 있다. 다름 아닌 경쟁사와 언론이다. 다시 말해 경쟁사를 자신의 전장으로 최대한 유인하고, 언론에는 이를 대대적으로 이슈화하도록 분위기를 조성해야 한다. 하이트맥주 출시 당시 크라운맥주는 '물은 가려 마시면서 왜 맥주는 가려 마시지 않습니까?'라는 광고카피로 직접적인 컨셉을 소구해 OB맥주를 자극했다. 이와 함께 지하150m 천연암반수의 진실성 여부를 놓고 언론이 가세하면서 자연스레 세간의 관심이 집중돼 하이트가 시장주도권을 확보할 수 있었다. 다급해진 OB맥주는 아이스맥주를 출시하면서 당시 톱모델이었던 강수연을 기용해 공격적으로 TV 광고를 집행했지만, 오히려 프리미엄 맥주에 대한 시장전이를 가속화해 이 분야를 선점한 하이트를 도와줄 뿐이었다. 이 전략이 통하지 않자 OB라는 브랜드에서 유추한 'OB라거'를 출시해 박중훈을 모델로 '맥주=즐거움'이란 또 다른 범주를 추구했지만 이미 하이트가 고객의 마음을 가져간 뒤였다. 롯데의 클라우드 역시 '밍밍한 한국 맥주와 우린 다르다'며 시음조사 등을 통해 고객의 마음을 샀다. 이를 언론에 대대적으로 홍보했음은 물론이다.

1994년 말, 럭키는 다시다를 공략할 목적으로 '맛그린'이란 브랜드를 출시하면서 MSG 유해성 논란을 가열시키기 위해 문성근이라는 신뢰성 높은 모델을 앞세워 '맛그린은 MSG를 넣지 않았습니다'라는 캠페인을 전개했다. 제일제당의 다시다를 자극하는 전략이었다. 그러나 다시다는 철저하게 무대응 원칙을 고수함으로써 MSG 논란은 소비자들로부터 외면당할 수밖에 없었다. 당시 다시다가 MSG 논란에 가세했더라면 전체 조미료 시장의 타격은 물론 시장주도권도 맛그린에 넘어갔을지 모른다. 제일제당은 인내의 지혜를 발휘함으로써 슬기롭게 도전자의 공략을 제압한 것이다.

3.
컨셉-네이밍 일치

만일 개발하고자 하는 제품 컨셉이나 핵심편익을 한마디(one word)로 정확하게 나타낼 수 없다면 신제품 출시를 미루는 편이 낫다. 반대로 신제품 컨셉이 소비자의 머릿속에 정확하게 포지셔닝될 수 있는 간결한 한 단어로 떨어지고, 이를 브랜드 네임으로도 연결할 수 있다면 신제품 출시를 하루라도 앞당기는 것이 좋다. 히트상품의 또 하나의 공통점은 브랜드 네이밍 자체가 하나의 강력한 포지셔닝 워드로 타깃고객을 정확히 공략한다는 점이다. 오른쪽의 도표만 보더라도 히트상품 대부분은 브랜드 네이밍이 주효했음을 알 수 있다.

이 도표를 보면서 중요한 전략적 시사점을 간파한 분들도 있을 것이다. 후발주자로 시장에 진입했을지라도 신제품 컨셉과 브랜드 네이밍이 일치하면 시장구도 자체를 역전시킬 수도 있다는 사실이다. 실제로 '하나로샴푸'와 '2%부족할때'의 경우 시장진입은 늦었지만 경쟁사를 역전한 대표적인 사례다.

단, 여기서 유의할 점이 있다. 법적으로 상표권 출원이 가능한 네이밍일수록 효과적이라는 사실이다. 이러한 전략이 불가능하다면 도형상표나 심벌 등을 별도로 개발해서 함께 출원해야 한다. '2080'과 같이 숫자가 결합된 브랜드로 출원할 수도 있는데, 이때는 '2090'이나 '2085' 등과 같은 유사상표도 함께 출원해놓는 것이 좋다. 경쟁사에 대한 방어와 브랜드 확장성을 고려해서다.

[도표 2] 컨셉과 네이밍이 일치한 히트상품들

제품 분류	브랜드	회사	핵심 성공요인
스낵	새우깡	(주)농심	새우 컨셉의 스낵
우유	헬로우앙팡	서울우유협동조합	어린이를 위한 우유
커피음료	까페라떼	매일유업(주)	커피가 함유된 음료
미과즙음료	2%부족할때	롯데칠성(주)	미과즙음료
치약	2080	애경(주)	20개의 건강한 치아를 80세까지
피로회복제	비타500	광동제약(주)	비타민이 함유된 피로회복제
겸용샴푸	하나로	애경(주)	샴푸와 린스 겸용샴푸
방향제	플러그인	(주)한국존슨	콘센트형 방향제
생리대	화이트	유한킴벌리(주)	깨끗한 이미지의 생리대

컨셉과 네이밍이 일치할 경우의 또 다른 장점은 소비자의 머릿속에 브랜드인지율이나 침투율을 높이기가 매우 유리하다는 것이다. 만일 우리가 쓸 수 있는 마케팅 자원이 무한하다면 이 전략은 고려할 필요도 없을 것이다. 엄청난 광고물량을 쏟아부어 타깃고객의 마음속에 포지셔닝하면 그만이기 때문이다. 그러나 현실에서는 결코 가능하지 않은 일이다. 우리는 누구나 한정된 예산으로 신제품 컨셉도 알리고, 브랜드 네임도 각인시켜야 한다. 이때 신제품 컨셉에서 브랜드 네임이 유추되거나 아예 둘이 일치한다면 고객과의 커뮤니케이션은 한층 간결하고 명확해질 수 있다. 반면 브랜드 네임이 전혀 엉뚱하게 나올 경우 이를 신제품 컨셉과 연결하려면 추가적인 마케팅 비용과 시간이 필요하다.

하루에도 수십 개의 브랜드가 탄생하고 소멸한다. 초기에는 대부분 히트상품이라는 꿈을 안고서 인고의 과정을 거쳐 출시되지만, 모든 상품이 시장에서 소비자들의 선택을 받을 수는 없다. 유명한 프로야구 선수들도 3할 대의 타율을 유지하기 힘들듯, 신제품 성공률도 3할을 넘기기가 어렵다. 신제품이 성공하기 위해서는 여러 가지 마케팅 요건들이 맞아 떨어져야만 한다. 그중 브랜드 네이밍은 매우 중요한 수단임에도, 한두 명의 짧은 판단에 의해 쉽게 정해졌다가 시장에서 속절없이 사라지고 만다. 더욱이 신제품 컨셉을 무시한 채 잘나가는 기존 브랜드를 손쉽게 확장한(brand extension) 나머지 모(母) 브랜드까지 타격을 받는 경우도 있다. 장기적인 포석 없이 당장 성과를 내려는 욕심과, 빅브랜드 창출에 소요되는 마케팅 비용과 시간을 줄여보려는 의도에서 비롯된 결과다. 그러나 한번 작명한 이름을 차후에 변경하는 것은 대단히 어려운 문제다. 지금까지 투자된 모든 마케팅 비용과 시간을 포기해야 하기 때문이다.

대부분의 마케터들은 브랜드의 중요성과 네이밍 원칙에 대해 잘 알고 있다. 그러나 이를 실행하지 못하는 것은 신상품 개발에 참여한 모든 사람이 만족하면서 컨셉에도 충실한 네이밍이 그만큼 어렵기 때문이다. 또한 브랜드는 사후적인 마케팅 노력으로 만들어지기 때문에 아무리 멋진 이름을 지어도 시장에서 실패하는 경우가 허다하다. 그럼에도 네이밍을 할 때는 신제품 컨셉과 일치시킨다는 원칙을 고수하는 것이 좋다. 성공적인 네이밍은 적은 비용으로 브랜드 인지도를 높이는 데도 효과적일 뿐더러, 장기적으로 IMC 전략을 효과적으로 수행하기 위한 일환이다.

4.
일관된 커뮤니케이션

히트상품은 단순히 고객의 니즈를 발견하는 것이 아니라, 창출하는 것이다. 즉 고객의 내면에 존재하던 니즈를 찾아내는 차원의 것이 아니라, 고객의 마음속에 씨앗을 뿌린다는(seeds) 관점에서 바라보아야 한다. 이처럼 히트상품은 마케팅의 모든 활동을 통해 사후적으로 결실을 맺는 열매 같은 것이다.

앞에서도 강조했듯이, 고객은 제품을 구매하는 것이 아니라 '문제해결 방법'을 구매한다. 대부분의 히트상품을 보면 고객이 안고 있는 문제를 시장에서 이슈화해 고객들로 하여금 문제를 해결할 대안으로 제품을 구매하도록 유도했다는 것을 알 수 있다. '발효과학'이라는 슬로건으로 김치냉장고 시장을 개척한 '딤채'나 섬유냄새 제거를 컨셉으로 국내 생활용품 시장에서 섬유탈취제라는 새로운 카테고리를 형성한 P&G의 '페브리즈'나 차량의 엔진 때를 제거하는 '불스원'도 본질적으로 보면 고객의 니즈를 발견했다기보다는 역량 있는 신제품 개발자가 니즈를 창출했다고 보는 것이 옳다.

'구슬이 서 말이라도 꿰어야 보배'라고, 아무리 훌륭하고 좋은 제품이라 해도 이를 고객들에게 알리지 못하면 실패할 수밖에 없다. 어떻게 고객과 커뮤니케이션하느냐가 신제품의 성패를 좌우하는 또 하나의 결정적인 변수다. 이를 위해서는 고객 커뮤니케이션에 소요되는 마케팅 투자가 반드시 필요하다.

이때 반드시 지켜야 할 것이 명확한 커뮤니케이션 원칙이다. 히트상품들은 예외 없이 제품 컨셉과 일치한 커뮤니케이션 컨셉 및 이를 뒷받침할 수 있는 마케팅 재원과 합리적인 미디어믹스 전략에 의한 IMC의 합작품이다. IMC 전략(integrated marketing communication strategy)이란 '광고, DM, 판매촉진, PR 등 다양한 커뮤니케이션 수단들의 전략적인 역할을 비교, 검토하고 명료성과 정확성 측면에서 최대의 커뮤니케이션 효과를 거둘 수 있도록 통합하는 총괄적인 계획의 수립과정'이다. 한마디로 복잡하고 다양한 커뮤니케이션이 난무하는 환경에서 자사의 고객에게 총체적으로 접근하기 위한 통합마케팅 커뮤니케이션 전략인 셈이다. IMC 전략에서 가장 중요한 점은 서로 다른 채널에서도 일관된 한목소리를 냄으로써 채널 간 시너지를 창출하는 것이다. TV 매체에서는 모델이, 인쇄매체나 인터넷 배너광고에서는 광고문구가, 포스터나 POP에서는 등장하는 이미지가 '일관된 목소리'로 고객의 마음속을 집요하게 공략해야 한다.

신제품에 대한 IMC 전략을 더욱 효과적으로 달성하려면 기업에 마케팅 재원과 브랜드매니저 시스템이라는 마케팅 인프라가 구축돼 있어야 한다. 즉 신제품 개발에서부터 광고 집행까지 해당 브랜드매니저가 무한책임을 지고 일관된 전략을 펼칠 수 있는 마케팅 조직이 갖춰져야 한다는 뜻이다. 단순히 업무 내용을 기준으로 신제품 개발자와 판촉담당자 그리고 광고담당자가 따로따로 움직이는 조직에서 일관된 목소리를 내기란 매우 어렵다. 반면 브랜드매니저가 처음부터 신제품을 기획하고 실행한다면 일관된 메시지로 커뮤니케이션을 수행하는 것이 그리 어려운 일은 아니다. 따라서 IMC 전략을 효과적으로 운영하고자 한다면 과업 중심이 아니라 브랜드 중심의 마케팅 조직을 구축해야 한다. 이런 면에서 브랜드매니저 제도의 핵심은 각각의 기능별로 분산된 마케팅 조직을 하나로 통합해 운영하는 소사장제도라 할 수 있다. 물론 막중한 책임을 져야 하는 브랜드매니저는 자기 업무에 대한 전문적인 깊이만큼이나 거시적인 안목과 다재다능한 멀티플레이어로서 활약할 수 있는 역량을 갖춰야 한다.

커뮤니케이션 수단 중에서 가장 강력한 것은 뭐니 뭐니 해도 광고다. 광고를 흔히 '프로모션의 꽃'이라고도 하는데, 그중에서도 TV 광고 집행은 회사의 중요한 의사결정 사항에 해당한다. 다국적 기업들은 '마케팅 재원 없이 신제품 출시도 없다'는 관점을 분명히 한다. 광고판촉비가 확보되지 않은 상태에서는 아예 신제품을 출시하지 않는 것이다. 국내에서 성공한 다국적 기업의 히트상품들도 TV 광고를 공격적으로 집행한 제품이 많다.

프로모션 전략에서 의사결정 변수는 '예산대비 기대효과'다. 특히 신제품 마케팅 전반에서 가장 큰 비용이 들어가는 TV 광고는 가장 효과가 큰 커뮤니케이션 수단이지만, 동시에 신제품 개발자의 족쇄도 될 수 있다. 그만큼 투자위험이 크기 때문에 잠재시장 규모를 세밀하게 고려해 설계해야 한다. 더욱이 최근에는 TV 채널이 과거와 비교도 할 수 없을 만큼 다양해졌고 TV 이외의 플랫폼으로 방송 프로그램을 소비하는 흐름이 뚜렷해진 만큼, TV 광고를 고려할 때는 과거보다 더욱 신중하게 접근할 필요가 있다. 물론 아직까지는 TV 광고가 한국 시장에서 신제품을 소비자에게 가장 효과적으로 전달할 수 있는 커뮤니케이션 수단임에는 틀림없다.

광고를 집행할 때 잊지 말아야 할 것이 있다. 바로 '한마디의 힘'이다.

우리는 매일 광고의 홍수 속에 살아가고 있다. 그런데 방금 무슨 광고를 봤는지 도무지 기억이 나지 않는다. 어제 밤에도 TV 광고를 100편 이상은 봤을 것이다. 그런데 곰곰이 생각해보아도 3~4개 이상을 기억해내기 힘들다. 그나마 기억에 남은 광고들도 어떤 메시지를 전하는지 말해보라고 하면 거의 대답하지 못할 것이다. 이것이 마케터 앞에 놓인 현실이다. 소비자들의 마음속에 브랜드 이미지를 심는다는 것이 그만큼 어렵고 힘들다는 뜻이다.

마케팅에서 '시장'이란 단어는 두 가지 층위로 쓰인다. 일반적인 관점에서 시장이란 상품이 거래되는 장소(市場, market place)를 말한다. 그러나 브랜드 포지셔닝의 관점에서 시장이란 소비자 마음속(consumer mind)을 가리킨다. 소비자들은 광고주들이 바라는 것처럼 신제품의 이런저런 장점을 알지도 못하고, 광고에 담긴 여러 가지 단어나 표현을 기억할 수도 없다. 많은 것을 말하는 것은 아무것도 말하지 않는 것과 같다. 소비자는 자신의 관심사 외에는 일방적으로 전달되는 커뮤니케이션 메시지를 마음속에 받아들이려 하지 않는다. 그들에게는 신제품을 기억할 의무가 없다는 말이다. 이 때문에 브랜드는 한 단어로 승부해야 한다.

신제품이 강력한 한마디로 타깃고객의 마음속에 자리 잡을 수만 있다면 90% 이상 성공한 제품이라 확신할 수 있다. 한마디 단어는 신제품 컨셉과 일치해야 하고 오랜 세월 동안 캠페인할 수 있는 단어여야 한다. 예를 들어 '헬리코박터 프로젝트 윌', '새우스낵 새우깡', '빨래 끝! 옥시크린' 등의 공통점은 딱 떨어지는 한 구절로 소비자 마음속에 일관된 커뮤니케이션 메시지를 전달했다는 점이다. 제품이나 서비스의 핵심편익을 표시하는 한 단어를 브랜드와 연결시키고, 오랜 세월 동안 캠페인을 전개한 것이다.

5.
R&D 역량

히트상품에서 공통적으로 발견할 수 있는 또 하나의 특징은 자사의 핵심역량을 충분히 활용했다는 점이다. 특히 오늘날과 같이 급격히 변화하는 시장과 소비자들의 니즈를 따라잡기 위해서는 자사의 핵심역량 강화에 지속적인 투자와 지원이 뒷받침돼야 한다. 기업의 핵심역량 강화는 곧 R&D에 대한 투자를 의미한다. 그럼에도 일부 기업들은 경기가 어려워지거나 성장이 둔화할수록 R&D 비용을 축소하거나 연구인력을 감축하는 어리석음을 범하고 있다. 이런 기업들은 경기가 회복기로 진입할 때 진보된 기술이나 시장의 변화에 대처할 근본적인 역량이 미흡해 시장에서 도태될 수밖에 없다.

기업들이 R&D 투자에 인색한 것 또한 결국 근시안적 조바심 때문이다. R&D 투자효과는 대체로 중장기적으로 나타나는 데 비해 R&D에 소요되는 투자비용이 상대적으로 크다고 느끼는 것이다. 그러나 기업 내부 여건이나 외부적인 경기를 이유로 R&D를 소홀히 하고 신제품 출시를 게을리할 경우 R&D를 강화한 경쟁사로부터 시장을 단번에 잠식당할 수 있다. 통념상 경기가 어려울 때 출시하는 신제품이 리스크도 클 것이라 생각하기 쉽지만, 오히려 불황기에 출시하는 것이 호황기에 출시하는 것보다 효과적일 수 있다. 경기가 좋을 때면 너도 나도 신제품을 내놓기 때문에 소비자들로부터 주목받기가 여간 어렵지 않다. 반대로 경기가 어려울 때 출시한 제품은 적은 마케팅 비용으로도 커다란 성과를 볼 수 있다. 단적으로 광고단가만 보아도 경기가 어려울수록 내려가기 때문에 상대적으로 적은 광고비로도 높은 성과를 기대할 수 있다.

물론 R&D 투자 또한 당연히 자사의 핵심역량 강화에 초점이 맞춰져야 한다. 특허획득이나 기술 그 자체를 위한 R&D는 화제를 낳는 데 그치기 쉽다. 그보다는 시장에서 통용될 히트상품을 개발하는 데 필요한 R&D 역량을 강화하는 것이 목적이다. 이를 위해서는 R&D 과정에 소비자와 시장에 대한 통찰력을 지닌 마케터가 반드시 참여해야 한다.

만도위니아 '딤채'는 R&D와 마케팅 부문이 머리를 맞대고 자사의 핵심역량을 100% 활용함으로써 제품 상용화에 성공한 대표적 사례다.

만도위니아가 개발한 김치냉장고 딤채는 이들의 본업이었던 자동차

에어컨과 가정용 에어컨과는 다소 동떨어진 제품처럼 보일지도 모르지만, 실상은 그들 본업의 핵심역량을 절묘하게 활용한 결과물이다. 만도위니아는 온도센서 관련 기술에서 20여 건의 국제특허를 출원했고, 국내에도 460건의 지적재산권을 출원한 냉동기술 전문기업이다. 이들이 30년 넘게 쌓아온 핵심기술의 결정체가 바로 딤채다. 김치가 최고의 맛을 내려면 0~7℃에서 일정 기간 저온숙성되어야 하고, 저온숙성된 김치는 땅속처럼 기온변화가 적은 상태에서 장기간 보관돼야 한다. 이 원리를 그대로 적용한 딤채는 온도편차를 ±1° 이내에서 유지하는 항온기술로 김치를 맛있게 익히면서도 4개월이나 장기보관이 가능하도록 했다. 일부 후발기업의 제품에서 김치가 얼거나 일반냉장고에 보관했던 김치맛과 별반 차이가 없다는 클레임이 발생한 것은 딤채가 보유한 항온기술을 따라잡지 못해 ±2~8°의 온도편차를 보였기 때문이었다. 이 밖에도 딤채는 냉각방식이나 내부공간의 효율성에서 기존 냉장고와 차별화된 핵심기술을 선보여 시장지배력을 강화하고 있다.

도산대로를 걷다 보면 커다란 창유리가 인상적인 녹색 카페가 눈에 들어온다. 바로 과일주스기로 유명한 기업 휴롬이 운영하는 휴롬주스카페다. 휴롬은 세계 최초로 '가는 것이 아닌 눌러 짜는 방식'의 원액기를 발명한 기업으로, 창업자인 김영기 회장은 사람들의 건강과 행복에 기여하는 제품을 만들기 위해 각고의 노력 끝에 휴롬을 개발했다고 한다.

휴롬은 홈쇼핑 등에서 주부들의 입소문을 타고 순식간에 히트상품으로 올라섰고, '주스기=휴롬'이라는 공식을 세우며 시장을 평정했다. 착즙주스를 판매하는 휴롬주스카페도 국내에만 7개 매장을 운영하고 있고 미국, 중국, 베트남, 말레이시아 등 해외 7개국에도 진출해 있다.

소비자들의 입소문과 홈쇼핑이 휴롬의 성공을 주도한 것은 맞지만, 오늘날의 휴롬을 만든 것은 R&D에 대한 끊임없는 투자라 해도 과언이 아니다. 휴롬은 본사에 R&D 센터를 운영하고 있으며, 더 나은 제품을 만들기 위해 끊임없이 연구와 테스트를 거듭하는 것으로 유명하다.

국내 밥솥시장의 1인자인 쿠쿠전자 역시 R&D를 통해 높은 성과를 거둔 사례다. '쿠쿠하세요, 쿠쿠'라는 광고의 덕을 톡톡히 보긴 했지만, R&D에 대한 꾸준한 투자가 아니었다면 지금의 위상에는 오르지 못했을 것이다.

혁신의 대명사 3M은 해마다 매출액 대비 7% 정도를 R&D에 투자하고 있으며, 총매출에서 신제품 매출이 차지하는 비중도 30% 이상이라고 한다. 이들의 기업문화 저변에는 R&D 중심의 품질경영 철학이 자리하고 있다. 이들의 R&D 전략방향은 크게 3가지 수준에서 진행된다. 첫째, 고객과 가장 가깝다고 할 수 있는 각 사업부 연구소는 기존 제품을 개선하고 신제품을 개발하는 등 당면과제에 주력한다. 둘째, 사업부문에 속해 있는 연구소는 중단기적인 관점에서 사업부가 5~10년 후에 필요로 할지도 모르는 기술개발에 전념한다. 셋째, 본사 연구소에서는 10년 이상의 장기적인 관점에서 기업 차원의 R&D에 매진한다고 한다.

때로는 제도적인 문제 때문에 R&D의 중요성을 알면서도 활발히 투자하지 못하는 경우가 있다. 산업특허나 재산권에 대한 정부 차원의 보호나 관리가 미약하기 때문이다. 시장에서 뭐가 하나 떴다 싶으면 얼마

후 유사품이 난무하는 게 국내시장의 현실이다. 흔히 기업인들 사이에 '우리나라 사람들이 어떻게 하면 법망을 피해 유사품을 만드느냐를 고민한다면, 일본인들은 어떻게 하면 원제품의 기능을 보완해서 더 좋은 제품을 만들 수 있을지 고민한다'는 자조적인 농담이 돌기도 하는데, 사실 농담으로만 치부할 말은 아니다. 이러한 차이가 그동안 얼마나 다른 성과물을 만들어왔는지 진지하게 생각해볼 문제다.

이를 해결하기 위해서는 기업의 자성과 노력이 물론 선행되어야 하지만, 정부 또한 국가적인 차원에서 산업재산권이나 특허에 대한 관리법을 강화해 기업의 투자의지를 촉구해야 한다. 또한 기업의 연구개발비에 대한 조세혜택이나 제도적 지원과 규제완화를 통해 기업이 R&D에 활발히 투자할 수 있는 환경을 조성해야 한다. 글로벌 관점에서 국익이 우선하는 차원으로 특허제도를 재정비하고, 하루가 다르게 기술이 달라지는 오늘날의 경영환경을 감안해 출원기간을 단축하는 노력도 필요하다.

CHAPTER 07

핵심은 차별화다

토니모리 화장품은 독특하다. 바나나, 복숭아, 사과 모양의 핸드크림은 그 자체만으로 시선을 끈다. 어떤 화장품 회사도 크게 신경 쓰지 않았던 '용기 디자인'을 차별화해 성공한 것이다.

토니모리 배해동 회장은 원래 화장품 용기를 만들어 납품하는 일을 했다. 용기를 제작하는 기술이 쌓이자 그는 화장품을 직접 만들어 팔자는 아이디어를 냈다. 사람들이 흔히 생각하는 것과는 반대 경로로, 용기는 내가 만들 테니 내용물은 외주인 콜마에 맡기자는 전략이었다. 그런데 이 전략이 제대로 먹혔다. 페이스샵보다는 비싸고 아모레보다는 훨씬 싸게 해서 시장의 틈새를 파고듦으로써 8년 만에 2000억 원 매출을 달성했다. 대단히 빠른 성장세다.

배 회장이 토니모리를 설립한 2006년에는 국내에 이미 내로라하는 중저가 화장품 브랜드들이 포진해 있었다. 그러나 그는 개의치 않았다. 용기 만드는 데는 자신 있으니, 누구도 생각지 못한 재미있는 용기를 만들고 좋은 내용물을 담으면 성공할 수 있다고 생각한 것이다.

신제품 아이디어를 내놓고 나면 본격적으로 머리가 복잡해진다. 이 아이디어가 먹힐 타깃은 어디이고, 컨셉을 어떻게 잡아야 하는지를 구체적으로 고민해야 하기 때문이다. 누구에게 어떻게 판매할지 결정할 때는 시장을 구성하는 핵심적인 변수를 고려해야 한다.

그러나 좀 더 전략적인 접근방식은 이와 반대의 과정을 밟는 것이다. 즉 제품 아이디어가 선행하는 것이 아니라, 마케팅적 판단 하에 어떤 제품을 출시할지 의사결정하는 것이다. 그 프로세스는 '가치 발견 → 가치 창출 → 가치 전달 → 가치 수확'으로 이어지는 일련의 과정이다. 좀 더 일반적으로 표현하면 시장을 분석하고, 전략을 수립하고, 실행방안을 구체화하는 것이다.

무엇을 경쟁사와 다르게 할 것인가

고객은 마케팅 전반에 걸쳐 빠지지 않는 존재다. 시장세분화 전략에서 언급했듯이 고객을 어떻게 세분화하느냐에 따라 마케팅 실행전략의 모든 것이 달라질 수 있다. 이와 마찬가지로 마케팅 전반에 걸쳐 고려해야 할 변수가 경쟁사다. 경쟁사의 마케팅 활동은 자사의 마케팅 의사결정에 직접적인 영향력을 미치는 선행변수다.

성숙한 시장일수록 제로섬게임 룰이 작용한다. 즉 자사의 시장점유율 확보는 곧 경쟁사의 시장점유율 상실을 의미하기 때문에 서로 민감한 관계일 수밖에 없다. 하지만 경쟁사를 동반자로 설정해 다양한 분야에서 업무를 협조할 경우 예상외의 비용절감 효과를 거둘 수 있다. 경쟁사가 모여 공동물류단지를 조성하거나 매장에서 판매직원을 공동으로 고용하는 등의 가시적인 사례가 이미 나타나고 있다. 소소하게는 하나의 지역 신문지국이 여러 신문을 보급함으로써 과도한 출혈경쟁을 방지하는 등의 사례도 있다. 오늘날의 무한경쟁 체제가 역설적으로 이와 같은 '적과의 동침'도 불사하게 만든 것이다.

경쟁사를 분석한다는 것은 곧 시장을 분석하는 것과 같다. 시장을 구성하는 3대 축은 고객과 경쟁사 그리고 채널 구성원들이다. 이들은 서로 유기적인 관계를 맺고 끊임없이 움직이고 있다. 그럼으로써 시장(market)을 움직이는(~ing) 활동이 일어나는 것이다.

시장 기회를 탐색할 때 경쟁사와 관련해 고려할 요소는 다양하다. 시장에 뛰어든 경쟁자 수 및 해당 브랜드 로열티를 고려한 경쟁강도, 해당 시장의 크기와 시장성장률 및 유통경로의 특징 등이 그것이다. 여기에 자사가 진입하고자 하는 세분화된 시장의 차별성과 확보된 마케팅 재원을 토대로 목표시장을 설정한다. 그리고 경쟁사와 자사 현황을 직접적으로 비교함으로써 신제품에 대한 잠재시장 매력도를 측정한다. 이때 각각의 시장변수에 중요도를 설정해 이를 종합점수로 환산하면 좀 더 객관적인 지표를 구할 수 있다. 그러나 목표시장 자체를 설정하는 것보다 더 중요한 것은 해당 시장에 진입했을 때 자사가 얻을 수 있는 목표 매출과 수익이다. 이에 대한 확신이 없다면 지금까지 수립한 STP 전략은 무의미해질 수 있다.

경쟁사보다 자사와의 차별화가 먼저다

타기팅에서 필수적인 요인 중 하나가 자사의 역량분석이다. 앞에서도 살펴보았듯이 기존 브랜드가 진입해 있는 시장에 신제품으로 세부시장을 개척할 때는 반드시 자사의 기존 브랜드와 신제품 사이에 일어날 수 있는 자기잠식 문제를 사전에 충분히 검토해야 한다. 이는 결국 자사 상품에 대한 브랜드 포트폴리오 운영전략을 의미한다. 단적으로 말하면, 경쟁사 제품과의 차별화보다 자사 기존 제품과의 차별화가 선행돼야 한다는 것이다.

일반적으로 기업들은 여러 브랜드를 운영하고 있다. 사업부별로 브랜드를 운영하는 경우도 있고, 카테고리별로 다수의 개별 브랜드를 두는 경우도 있다. 이러한 상황에서 리더들은 고민에 빠지지 않을 수 없다. 어떤 브랜드를 집중적으로 육성하고 마케팅 재원을 할당할 것이냐는 문제다. 각각의 카테고리마다 경쟁 환경이 다르고 브랜드 파워가 다르기 때문에 결코 쉽지 않은 문제다.

[도표 3] BCG 매트릭스

브랜드 포트폴리오에서 가장 범용적으로 활용되고 있는 모델은 상대적 시장점유율과 시장성장률을 축으로 한 BCG매트릭스다. 미국 보스턴컨설팅그룹이 1960년대에 개발한 모델로, 초기에는 기업의 전략적 사업단위 분석에 주로 활용되다가 최근에는 다수의 브랜드를 분석하는 수단으로 확대됐다. BCG매트릭스는 다양한 마케팅 변수들 중에서 시장을 성장률과 상대적 점유율로만 분석했다는 한계점에도 불구하고 포트폴리오 분석에 많은 시사점을 준다.

BCG매트릭스를 활용하려면 우선 4분면으로 명명된 개(dog), 젖소(cow), 스타(star), 문제아(problem child)란 영역을 정확히 이해해야 한다. 먼저 가장 안정적인 영역은 스타(star) 영역이다. 시장점유율도 높고 시장성장률도 높지만 경쟁사들의 도전이 심하다. 이에 맞서 브랜드를 강화하려면 꾸준한 투자가 필요해 수익은 예상외로 낮을 수도 있다.

반면에 젖소(cow) 영역은 말 그대로 기업의 '캐시카우'에 해당하는 일등상품들이 주로 위치한다. 젖소 영역은 기업이 사업다각화를 수행할 수 있는 원동력을 제공한다는 측면에서 스타 영역 브랜드보다 더 중요하다고 볼 수도 있다. 만약 이 영역에 해당하는 핵심 브랜드가 흔들릴 경우 기업의 존립 자체가 위협받을 수도 있다. 실제로도 이러한 일등상품들은 군소업체나 대기업들의 저가공세를 집중적으로 받기 일쑤다. 그럼에도 이들이 해당 카테고리에서 선전하고 있는 이유는 역사와 전통으로 다져진 브랜드 로열티 덕분이다.

문제아(problem child) 영역에 위치하는 브랜드는 매우 신중하게 관리돼야 한다. 상대적 시장점유율은 낮지만 시장성장률은 높은 영역으로, 마케팅 의사결정이 필요한 브랜드들이다. 시장조사를 통해 브랜드의 문제점을 찾아 리뉴얼하거나 공격적인 마케팅으로 경쟁사의 시장점유율을 가져올 수 있다면 한번 승부를 걸어볼 만한 브랜드다. 이 때문인지 현업에서 BCG매트릭스 모델을 활용해 브랜드들을 분석할 때면 마케터들이 자신의 브랜드를 개(dog) 영역에 놓아야 하는데도 자꾸 문제아 영역에 놓고 싶어 하는 경향이 있다. 미래에 대한 가능성을 객관적으로 평가해서라기보다는, 자신이 런칭한 브랜드의 실패를 인정하고 싶지 않기 때문이다. 그러나 실패한 브랜드에 집착하다가는 더 큰 손실을 야기할 수 있다. 따라서 전체 BCG매트릭스를 설정하는 일은 해당 팀장의 업무 영역을 넘어 경영진이 전사적인 차원에서 진행하는 것이 좋다.

끝으로 개(dog) 영역에 위치한 브랜드는 시장점유율도 낮고 시장성장률도 낮기 때문에 브랜드 철수냐 재도전이냐는 기로에 선다. 미투 제품은 대부분 일정 시간이 경과하면 개의 영역에 위치하게 마련이다. 이러한 브랜드는 컨셉을 바꿔 리포지셔닝(repositioning) 전략으로 재출시하거나 현금을 확보할 수 있는 만큼 확보한 후에 시장에서 퇴출시키는 것이 좋다.

설명을 듣고 나니 BCG매트릭스 4분면의 이름이 꽤 합리적이지 않은가? '젖소'는 인간에게 매일 우유를 제공한다. 이처럼 기업에 없어서는 안 될 자금을 공급한다는 측면에서 젖소로 명명했을 것이다. '스타'는 국경과 문화를 초월해 희망과 미래를 상징하는 선망의 대상이라는 측면에서 영역에 걸맞은 이름이다. 그런가 하면 '문제아'는 현재에는 다소 부정적이지만 마케터가 어떻게 교육시키고 인도하느냐에 따라 빅브랜드가 될 수도 있는 유형의 브랜드를 말한다. 반면 토끼사냥이 끝난 후 필요없는 사냥개를 토사구팽(兎死狗烹)한다는 데서 '개' 영역이 잘 설명될 듯하다.

그렇다면 개 영역의 브랜드는 처음부터 그런 신세였을까? 아니다. 신규 브랜드를 시장에 선보이는 도입기에는 대개 문제아 영역에 위치하며, 성공적인 마케팅 목표를 달성했을 경우 스타 영역으로 이동한다. 그 후 후발로 뛰어든 경쟁자의 미투 브랜드를 강력한 브랜드 파워로 제압하며 일등상품으로 등극하는 때가 성숙시장인 젖소 영역으로 이동하는 시점이다. 이처럼 BCG매트릭스는 기존 제품의 브랜드 포트폴리오에 매우 유익한 모델로 자사 신제품이 시장에 진입할 때 기존 브랜드를 어떻게 운용할지에 대한 의사결정 모델로 활용할 수 있다.

책상이 아니라 시장에서 차별화하라

우리는 인생을 살아가면서 어떻게 하면 성공적인 삶을 살 수 있을지 늘 고민한다. 그러나 어쩌면 답은 이미 알고 있는지도 모른다. 주변에서 성공한 사람들의 인생역정을 접하기도 하고, 전문서적이나 TV 프로그램을 통해 자기 분야에서 성공한 사람들의 삶을 간접적으로 경험할 수 있기 때문이다. 성공한 이들의 공통점을 면밀히 살펴보면 그들은 하나같이 남들과 다른 차별화된 삶을 살았다는 점을 알 수 있다. 브랜드도 마찬가지다. 히트상품들은 하나같이 다른 브랜드들과 분명히 다른 독특한 무언가를 가지고 있다. 이들을 분석해보면 상품 자체가 다른 회사 제품과 달리 독특하거나, 광고 커뮤니케이션 컨셉이 명확했거나 아니면 마케팅 아이디어가 특별했다는 사실을 발견할 수 있다. 이처럼 차별화 전략이 마케팅 전반에 걸쳐 빅브랜드를 개발하는 데 필수적인 요소임은 아무도 부정할 수 없을 것이다.

문제는 실행이다. 우리가 인생에서 성공하는 방법을 알면서도 실천하지 못해 평범한 삶을 사는 것과 마찬가지로, 많은 기업이 상품이나 서비스를 경쟁사와 차별화해야 한다는 사실을 잘 알면서도 마케팅 아이디어를 찾아 실행에 옮기지 못해 히트상품을 개발하지 못하고 있다.

차별화 전략은 어려운 마케팅 과업이다. 오랜 마케팅 경험을 쌓아온 사람이든 타성에 물들지 않은 신입사원이든 어렵기는 마찬가지다. 필드를 뛰는 마케터로서 해당 시장에 직접 참여해 깊이 있게 관여하지 않는

한 구체적인 차별화 방안이나 전략을 제시한다는 것은 탁상공론에 불과할 수 있다.

지금까지 살펴본 차별화 전략을 정리하면 다음과 같다.

첫째, 브랜드는 강력한 차별화 요인 중 하나다. 시장이 전무한 카테고리에 최초로 브랜드 개념을 도입하는 것이다. 특히 현재에 브랜드가 없는 시장에 진입할 때 매우 효과적이다. 여기서 간과해서는 안 될 부분이 시장에 먼저 들어가는 것보다 소비자 인식에 먼저 들어가야 한다는 사실이다.

둘째, 독특한 브랜드 네이밍은 그 자체로 강력한 차별화 수단이다. 특히 성숙시장에 진입할 때에는 정교한 STP 전략을 수립한 후 브랜드 네이밍에 각별한 애정을 쏟아야 한다.

셋째, 차별화 전략은 비단 STP 전략뿐 아니라 모든 마케팅 수단에 적용해야 한다. STP 전략을 수립할 때 차별화 포인트를 적용하는지 여부는 상품의 성공과 실패를 결정하는 직접 변수다. 그러나 앞에서도 강조했듯이 IMC 관점에서 차별화 전략은 마케팅 전반에 걸쳐 기획되고 실행되어야 한다. 신제품 개발뿐 아니라 기존 제품 개선이나 리뉴얼 시에도 항상 고민하고 실천할 항목이다. 예를 들어 홍보용 보도자료 한 건을 작성한다 해도 어지간한 아이디어로는 기자들의 관심을 끌기 어렵다. 차별화된 주제와 컨셉으로 기사를 유도해야만 당신이 작성한 PR 자료가 기자들의 휴지통에 들어가지 않을 것이다.

넷째, 차별화된 아이디어가 없다면 차라리 포기하는 것도 방법이다.

지레 포기하라는 게 아니라, 차별화를 위한 차별화는 하지 말라는 말이다. 적어도 창고에 재고는 쌓이지 않을 테니 말이다. 또한 자사 브랜드 간의 심각한 자기잠식을 막을 수 있고, 신제품 개발에 소요되는 투자비용과 시간을 절감할 수 있다. 시장을 관망하며 기존 브랜드를 방어하면서 차별화된 아이디어를 찾을 때까지 인내하는 것이 좋다.

경쟁사가 새로운 카테고리를 개척해 급속하게 시장이 성장하면 초조해질 수밖에 없다. 시간이 지나면 지날수록 그만큼 해당 시장에 진입하기가 어려워지기 때문이다. 더욱이 자신이 담당하고 있는 브랜드가 타격을 받을 정도로 신제품으로 브랜드 전환이 이루어진다면 대부분의 기업에서는 일단 경쟁사의 제품을 베껴서라도 서둘러 출시하는 경향이 있다. 이와 관련해 2014년 후반부터 SNS 등의 입소문을 타고 제과업계에 돌풍을 일으킨 '허니버터칩'의 사례는 많은 점을 시사한다. 허니버터칩이 히트상품이 된 데는 여러 가지 요인이 있겠지만, 가장 큰 이유는 감자칩은 짭짤하다는 고정관념을 깨고 달콤하고 고소한 맛을 차별점으로 내세웠기 때문이다. '달콤한 감자칩'이라는 카테고리를 만든 것이다. 허니버터칩이 밀려드는 물량을 대지 못해 품귀현상을 빚자, 10종이 넘는 아류작들이 줄줄이 뒤를 이어 출시되었다. 그중에는 성공을 거둔 제품도 있었지만 존재감을 드러내지 못하고 사라진 것들이 대부분이었다. 참으로 어리석은 행위다. 그런 상품에 차별화된 전략이 있겠는가? 오히려 이러한 카피제품 전략은 시장전이를 가속화해 경쟁사를 도와주기만 할 뿐이다. 물론 더러는 약자 입장에서 물 타기 전략으로 미투 제품을 출시하는 경우도 있다. 하지만 이러한 전략은 가급적 삼가는 것이 좋다. 저가격에 의한 출혈경쟁으로 서로에게 상처만 줄 뿐이기 때문이다. 말 그대로 '너 죽고 나 죽자'는 것밖에 되지 않는다. 기껏해야 용기를 조금 개선하거나 내용물의 색상을 변경하고 적당한 이름을 붙여 조금 더 싸게 출시하면서 차별화했다고 하지만, 이런 식의 신상품 출시는 자멸을 뜻한다. 이렇게 설계된 제품들은 자사 입장에서는 신제품이지만 소비자 입장에서는 아류작에 불과하다.

흔히 내용물의 색상이나 향 등을 차별화 요소로 내세우는 제품들이 있는데, 이는 기껏해야 2차적인 속성일 뿐 강력한 차별화 요인은 될 수 없다. 엄밀히 말하면 차별화 요인이라기보다 반짝 하는 아이디어에 가깝다. 품질 개선도 마찬가지다. 최근 기술이 눈부시게 발달하고 생산라인이 동일화되면서 품질 자체는 대동소이해졌다. 즉 최고의 품질은 더 이상 차별화 요인이 아니라는 말이다. 물론 IT 업계처럼 기술력이 생명인 분야는 예외일 수 있다.

그렇다면 가격은 차별화 요인인가? 가격은 시장세분화의 한 축에 불과하며 마케팅믹스 중 한 요소에 지나지 않는다. 물론 단기매출 향상을 위한 판촉행사나 할인점과 같이 가격에 민감한 영역은 가격정책을 하나의 차별화 요소로 내세울 수 있다.

누구나 활용하고 있는 일반명사도 가급적 배제하는 것이 좋다. '고객만족'이나 '전문', '최고', '강력', '최초', '일등' 등 범용적인 말은 차별화 요인으로서 힘이 없다. 소비자에게 새롭게 다가가기는커녕 자칫 진부하고 식상하다는 인상을 줄 수 있다. 감성적인 말보다는 이성적인 말에서 차별화 포인트를 찾아내는 것이 효과적이다.

마케팅 전략의 핵심이 무엇이냐고 현직 마케터들에게 물으면 대부분은 결국 차별화에 달려 있다고 대답할 것이다. 물론 여기서 말하는 차별화는 철저히 시장에서 새로운 것으로 입증되어야 한다. 그럼에도 일부 독선적인 마케터들은 자기의 철학과 신념이 전부인 줄 안다. 이들은 탁상공론으로 자기만족에 도취한 차별화 전략을 세운 후 막대한 마케팅 비용을 투하하지만, 시장은 그렇게 해서 움직이지 않는다. 그러면 이들은 문제의 원인을 자신의 차별화 전략이 없었다는 데서 찾는 대신 영업이나 R&D부서를 원망하곤 한다.

아무리 마케팅 경험이 풍부하다 해도 마케팅에는 해답이 없다. 상황에 따라 거시적인 요인과 경쟁변수, 내부 환경이 다르기 때문이다. 그런 점에서 마케터가 갖추어야 할 소양 중 하나가 남의 말에 주의를 기울일 줄 알아야 한다는 점이다.

CHAPTER 08

고객을
정조준하라

시장분석이 끝나면 본격적인 마케팅 전략을 수립하게 된다. 이때 기본이 되는 것이 STP 전략이다. 시장세분화(segmentation)를 비롯해 타기팅(targeting), 포지셔닝(positioning)이 그것이다.

리더가 마케팅 전략을 이해할 때 가장 먼저 알아야 할 키워드가 무엇일까? 브랜드 등 중요한 개념이 많지만, 그중에서도 시장세분화 전략을 꼽고 싶다. 치열한 시장에서 자기만의 경쟁력을 확보하고 소비자에게 다가서기 위해서는 뛰어난 마케팅 전략이 반드시 있어야 하는데, 그 출발점이 바로 시장세분화다. 시장의 판세를 어떻게 이해하고 수용하는지에 따라 기업의 마케팅 전략이 크게 달라질 수 있기 때문이다. 마케팅 전략의 탄탄한 기초를 다지는 것, 그것이 바로 시장세분화다.

시장세분화(market segmentation)란 해당 상품이나 서비스에 대한 시장별 특정 변수를 설정함으로써 새로운 시장기회를 탐색하는 방법을 말한다. 여기서 '시장별 특정변수'라 함은 인구통계학적으로 설정한 고객별 시장특성이나 지리적 요인, 유통별 요인, 가격요인 등의 임의적인 변수를 말한다.

시장세분화는 주로 신제품 기회를 탐색하거나 기존 제품의 포지셔닝을 점검하기 위해 진행되지만, 그 결과는 시장 상황에 따라 언제나 변화하기 때문에 한 번 분석한 것으로 끝내지 말고 지속적인 업그레이드와 관리가 필요하다.

일반적으로 시장은 성숙하면 성숙할수록 세분화되는 특성을 지니고 있다. 시장이 성숙할수록 경쟁환경이 치열해지고 경쟁요소가 가중돼, 기업마다 차별화된 컨셉으로 시장을 공략하게 된다는 의미다. 업계를 불문하고 비교적 안정적이고 규모가 큰 시장일수록 이러한 현상은 심화되게 마련이며, 1등 브랜드일수록 이러한 위협에 노출돼 있다.

그런데 현실을 가만히 들여다보면, 시장이 성숙할수록 오히려 각각의 컨셉들이 통합되는 경우도 있다. 건강기능식품, 바디용품, 운동용품 등 고기능성을 내세우는 시장에서 빈번하게 일어나는 현상으로, 고객의 니즈가 세분화되면서 시장에서 컨셉이 모였다가 흩어지기도 하고, 새로운 영역의 컨셉이 탄생되기도 한다. 이처럼 카테고리마다 일어나는 변화를 면밀히 분석하고 관찰해야 드러나지 않은 기회를 찾을 수 있다. 시장세분화에 성공하면 마케팅 전략에서 성공할 가능성도 높다.

레드오션에도 기회는 있다

현업에서 실무를 담당하는 담당자들은 항상 바쁘다. 신제품을 개발해야 하고, 기존 제품의 시장점유율도 유지해야 한다. 다른 업체와 미팅도 해야 하고, 필요하면 해외 시장조사도 다녀와야 한다. 이처럼 다양한 일과에 파묻혀 있다 보면 큰 그림을 그리기 어렵다. 그래서 해당 제품을 담당하는 실무자가 오히려 마케팅 전략이나 브랜드 관리와 같은 기본적인 밑그림을 놓치는 경우가 있다. 기본적으로 전략적 판단은 관리자들의 몫이겠지만, 담당자들이 마케팅에 주도적인 역할을 수행할 수 있도록 판을 깔아줄 필요가 있다.

마케팅 목표가 설정된 이후에 행해지는 시장세분화는 실제 마케팅 활동의 단초가 된다. 이것은 마치 건축물의 설계도를 그리는 것과 같으며, 마케팅 목표를 달성하는 매우 중요한 시발점이다. 시장세분화가 제대로 수립된 이후에야 성공적인 타기팅과 포지셔닝 전략이 실행될 수 있다.

시장의 성숙화로 대부분의 카테고리는 포화된 양상을 보이고 있지만, 레드오션 시장에도 기회는 존재하게 마련이다. 그 기회를 찾으려면 고객과 경쟁사, 자사의 내부역량과 유통현황 등을 고려하되 이를 반드시 경쟁사와 차별화해야 한다.

세계적으로 시장세분화가 가장 세밀하게 이루어지는 나라는 어디일까? 단연 일본이다. 국내 마케터들이 신제품 개발 아이디어를 수집하기 위해 가장 많이 시장조사를 가는 나라이기도 하다. 시장세분화의 시발점은 고객의 니즈와 욕구다. 그런데 일본문화의 특성을 생각해보라. 아마 의태어로 표현한다면 '아기자기', '오목조목' 같은 느낌 아닐까. 이러한 문화적 특성을 십분 발휘해 일본 기업들은 소비자들의 매우 미세한 니즈까지 상품화해 세계 니치마켓을 선도하고 있다. 이들은 일찌감치 생산설비를 '소품종 대량생산' 체제에서 '다품종 소량생산' 체제로 전환, 구축했다. 그 덕분에 다양한 상품을 개발하기 더욱 용이했을 것이다.

마케터라면 누구나 히트상품을 개발하고 싶어 한다. 그러나 신제품 개발 성공률은 3할을 넘기기 힘든데, 이유 중 하나는 정확한 시장세분화가 그만큼 어렵기 때문이다. 그렇다고 방법이 없는 것은 아니다. 히트상품을 개발하기 위해서는 성공적인 STP 전략과 명확한 상품 컨셉이 선행되어야 한다. 브랜드 네이밍이나 포장재 차별화, 유통전략 등은 이에 비하면 후행변수에 불과하다.

마케터들이 흔히 하는 실수가 대규모 시장에 무작정 들어가는 것이다. 소비자층이 두터우니 어떻게든 먹고 살겠지 하는 생각으로 뛰어들곤 한다. 그러나 규모가 크다는 점에 매료돼 어설프게 시장을 세분화한다면 백전백패할 뿐이다. 성숙한 시장일수록 플레이어도 많다. 막강한 브랜드 파워를 구축한 리더와 이에 정면으로 도전하는 챌린저 그리고 이를 추종하는 팔로워와 틈새시장의 공략자인 니처 그리고 다수의 미투 제품이 있고, 여기에 군소업체들과 심지어 대형 유통업체들까지 가세한 PB브랜드도 있다. 대략 '1강 2중 다약' 체제로 물샐 틈 없이 구축된 시장이다. 이런 시장에 마케팅믹스도 탄탄히 계획하지 않은 채 진입했다가 본전도 못 건지고 퇴출되는 브랜드가 부지기수다. 철저하게 시장을 세분화하고 제대로 된 컨셉을 발굴하지 못했기 때문이다.

카테고리 1등 브랜드들의 가장 큰 공통점은 시장을 정밀하게 세분화한 제품이라는 것이다. 1등 브랜드의 파워는 막강하다. 대부분의 시장에서 선발로 진입한 브랜드들은 카테고리를 상징하는 대명사처럼 통용될 정도다. 그러나 이런 시장에도 기회는 반드시 있으니 후발주자라고 섣불리 포기하지는 말자. 《마케팅 불변의 법칙》에서 두 번째로 꼽는 '영역의 법칙'이 존재하기 때문이다. 어느 영역에 최초로 진입하지 못했다 하더라도 정확한 세분화로 새로운 영역을 개척할 수 있다.

대서양을 비행기로 처음 횡단한 사람이 린드버그(Charles Lindbergh)라는 사실은 대부분 알고 있다. 하지만 두 번째로 횡단한 힝클러(Bert Hinkler)라는 이름은 낯설다. 그렇다면 세 번째로 횡단한 사람은 어떨까? 흥미롭게도 많은 사람들이 힝클러는 몰라도 세 번째로 비행한 에어하트(Amelia Earhart)에 대해서는 어느 정도 알고 있다. 그 이유는 에어하트가 여성 비행사였기 때문이다. 사람들의 기억 속 그녀는 세 번째로 대서양을 횡단한 비행사가 아니라, '여성 최초로' 대서양을 횡단한 비행사다. 이처럼 컨셉을 차별화하고 시장을 세분화하면 기회는 얼마든지 존재한다. 성숙한 시장일지라도 시장을 쪼개고 쪼개서 보면 새로운 카테고리를 선점할 수 있다.

무엇으로
시장을 쪼갤 것인가

그렇다면 성숙시장에서 시장을 세분화해 차별화할 수 있는 방안은 무엇일까? 전략만 확실하다면 시장세분화 방법이야 무궁무진하겠지만 독특한 컨셉으로 시장기회를 탐색하기란 여간 어려운 일이 아니다. 그러나 어려울수록 돌아가라는 말이 있다. 당장 눈앞에 길이 보이지 않는다고 조급해하기보다는 시장세분화 변수를 먼저 이해하고 아이디어를 모색해가야 한다. 거기에 반드시 기회가 존재할 것이다. 성숙한 제과시장에서 '허니버터칩'을 탄생시킨 해태제과나 성숙한 추잉껌 시장에서 월매출 100억을 돌파한 롯데 자일리톨껌 신화는 이를 잘 보여주고 있다.

시장세분화 변수에서 가장 범용적으로 활용되는 지표는 단연 인구통계학적 변수다. 대한민국을 구성하는 5000만 인구를 특정 변수를 기준으로 세분화하는 것이다. 그중에서도 가장 보편적인 지표는 연령에 따른 세분화와 성별에 따른 세분화다. 매스마케팅을 추구하는 상품이나 서비스의 대부분은 연령과 성별에 따라 시장을 세분화하고 있다. 1318 청소년 세대를 겨냥한 상품, 영유아에 특화된 유아용품, 100세 시대를 맞아 이슈화되고 있는 실버 상품이 봇물을 이루고 있다.

종종 사용되는 또 하나의 변수는 '학력'이다. 학력에 따라 고객이 지향하는 속성이 다르고 소득수준도 달라질 수 있기 때문이다. 이와 연계해 가구의 '소득수준'도 시장을 세분화하는 주요 기준이 되고 있다. 또한 '직업'별 세분화 변수도 필수 항목이다. 기혼여성을 타깃으로 한 상품이라도 전업주부와 취업주부의 소비행태는 크게 다르기 때문이다. 최근에는 자녀교육에만 신경 쓰기보다 자기만족을 중시하는 엄마들이 많아지면서 그러한 타깃에 맞춘 상품들도 늘어나고 있다. 지리적으로 서울 및 수도권이냐 지방이냐는 이슈도 마케팅 전략 방향을 가늠하는 시장세분화의 핵심적인 지표다.

시장세분화 변수에서 인구통계학적 변수와 함께 양대산맥을 형성하는 지표가 상품의 컨셉을 속성별로 차별화하는 것이다. 가장 흔한 기준으로 제품의 사용기간을 차별화하는 방법을 들 수 있다. 경쟁사 제품이 3개월이라면 R&D 역량을 집중해 6개월이나 1년으로 사용기간을 확대해볼 수도 있지 않겠는가. 제품의 사용편리성을 대대적으로 개선한 컨셉도 시장을 차별화할 수 있는 방안이다.

제품을 사용하는 시간대로 차별화할 수도 있다. 낮에 사용하는 제품이 대부분인 시장에서 저녁에 쓸 수 있는 제품을 내놓는 것도 새로운 틈새시장을 찾을 수 있는 방법이다. 당연한 말이겠지만 가격도 시장을 세분화하는 주요한 수단이다. 특정 VVIP를 겨냥한 상품이나 원가 경쟁력을 기반으로 한 박리다매형 저가상품으로도 시장의 판세를 크게 흔들 수 있다. 이 밖에도 제품의 원산지를 차별화하거나 브랜드 네이밍으로 시장을 세분화하는 방안도 있다.

법적인 환경이나 제도적 변화를 활용한 시장세분화도 간과해서는 안 된다. 2000년 전후로 주5일 근무제가 보편화되면서 사람들의 라이프스타일에 커다란 변화가 찾아왔다. 이를 시장세분화에 발 빠르게 적용한 기업들은 주말 여가에 활용할 수 있는 제품이나 주말에 특화된 혜택을 제공하는 서비스를 출시해 경쟁력을 확보했다. 유통법을 예로 들면 예전에는 모든 의약품을 약국에서만 판매했지만, 2012년 11월부터 일부 의약품을 편의점에서 판매할 수 있게 되었다. 몇 년 동안 계속 필요성이 제기되어온 결과 2012년 5월에 관련 법안이 국회를 통과한 것이다. 제약회사라면 신속한 채널전략과 새로운 세분시장을 공략할 수 있는 상품개발을 추진해야 한다. 실제 동아제약은 대표상품 박카스를 편의점, 슈퍼 등에서 팔 수 있게 되자, 약국에는 기존의 박카스D를, 슈퍼나 편의점에는 박카스F를 공급하고 있다. 판매처의 특성에 맞게 편의점에서 파는 박카스는 좀 더 에너지드링크에 가깝게 디자인했다. 법과 제도적인 환경에 따라 영향을 많이 받는 업종일수록 업계의 추이에 주목해야 한다. 제도는 단기간에 바뀌지 않으니 평소 시장에 관한 주요 이슈가 무엇인지 관심을 갖고 지켜보며, 이를 통해 법규나 제도가 어떤 방향으로 바뀌어갈지 예측하고 미리 대비하는 자세가 필요하다.

시장을 소비재와 산업재로 세분화하는 것도 주요 고려대상이다. B2C에서 구축된 자사의 핵심역량을 B2B 산업재 시장으로 확장하거나, 반대로 B2B 시장에서 거둔 성과를 바탕으로 B2C 시장에 진출하는 것을 말한다. 기존 시장에서 거둔 확고한 브랜드 파워를 기반으로 산업재 시장에서 성공을 이어가고 있는 유한킴벌리가 좋은 사례다.

이 밖에도 사회적으로 이슈화되고 있는 테마를 활용할 수도 있고, 경쟁제품이 가진 약점을 자사의 강점으로 공략하는 것도 유용한 전략이다. 품질에 자신이 있다면 경쟁사와의 비교광고를 통해 정당하게 승부하는 과감한 전략도 고려할 법하다.

어떤 고객에게 맞출 것인가

시장세분화는 마케팅 전략의 시발점이 되기 때문에 매우 신중하게 접근해야 한다. 시작점에서 조금만 틀어져도 결과가 전혀 달라지기 때문이다.

첫째, 시장세분화는 마케팅 전반과 연계해 기획되어야 한다. 시장세분화를 하라고 하면 무조건 쪼개고 나누고 보는 이들이 있다. 그래봐야 결국 시간과 돈을 들여 아무 데도 쓸 수 없는 무용지물을 만드는 격이다. 시장세분화를 하라는 것은 상품의 컨셉이나 브랜드, 가격 등의 변수를 총체적으로 고려하라는 뜻이다. 아무리 시장세분화가 그럴듯하게 됐다 해도 시장에서 실패하면 무슨 소용인가. 따라서 시장세분화를 할 때는 상품의 컨셉 등과의 연계를 반드시 고려해야 한다. 그러기 위해서는 다양한 각도에서 시장을 쪼개고 분해해봐야 한다. 그 과정에서 자신이 미처 생각지 못했던 시사점을 도출하고 소비자의 반응을 테스트해보며 그들의 니즈에 맞는 히트상품을 개발할 수 있다.

둘째, 시장세분화는 고객의 입장에서 진행돼야 한다. 마케터가 시장세분화를 할 때 가장 조심해야 할 것은 스스로 심취돼 '시장세분화 자체를 위한 세분화'를 하며 탁상공론하는 경우다. 매우 위험한 발상이다. 편견을 버리고 소비자 조사를 하는 등 객관적인 시각에서 세분화 전략을 수립해야 한다. 일단 전략을 수립한 후에도 반드시 소비자 검증을 시행한 다음 시장에 진입해야 한다.

셋째, 시장세분화 변수를 설정하는 데 특히 유념해야 한다. 그에 따라 결과물이 달라지기 때문이다. 시장세분화 변수는 해당 카테고리에서 가장 크게 영향을 미치는 변수를 설정하는 것이 좋다. 그래도 길이 보이지 않으면 하위 변수들로 내려가면서 타깃 시장을 설정해야 한다.

넷째, 세분시장의 규모는 클수록 좋다. 물론 세분화할수록 시장 규모는 작아질 수밖에 없다. 하지만 시장에 진입했을 때 얻을 수 있는 매출과 기대되는 수익이 얼마인지는 예측 가능해야 한다. 각종 수요예측 프로그램이 있지만 실무에서 아직은 정확도가 떨어지는 문제가 있고 적용하기도 힘들다. 시장 규모가 작을수록 이 문제는 더 커진다.

다섯째, 자사의 재원과 역량을 충분히 고려해야 한다. 결국 시장세분화는 한정된 재원이라는 기본적인 문제에 봉착할 수밖에 없다. 시장의 사이즈가 매력적이라고 판단될 경우 이를 공략하는 데 들일 수 있는 자사의 마케팅 재원을 충분히 검토하고 확보해야 한다. 또한 동일한 카테고리에서 다른 브랜드로 진입할지, 브랜드 확장으로 효율성을 기할지에 대해서도 신중히 판단하자. 기존 브랜드와의 컨셉 차별화 정도에 따라 자기잠식의 문제가 생길 수도 있기 때문이다. 차별화에 급급하다 보면 초기에 이 문제를 소홀히 넘기는 경향이 있는데, 자칫 기존 브랜드에 치명적인 타격을 입히는 자충수가 될 수도 있다.

여섯째, 경쟁사를 긴장시킬 만한 세분화인지 판단하라. 마케팅 액션을 가할 때 경쟁사가 초조해할수록 좋다. 아울러 경쟁사가 해당 세분화 시장에 후발주자로 참여하도록 유도해야 한다. 경쟁자가 따라 한다고 해서 싫어할 게 아니라, 전체 시장 규모를 키우는 가장 강력한 촉매제가 될 테니 오히려 환영해야 한다. 어차피 매력적인 시장임이 입증되면 경쟁자가 생기는 것은 필연이다. 이에 대비해 대체재와 보완재를 미리 설계해두는 것이 현명한 자세다. 아울러 다른 회사와 공동 마케팅을 벌여 새로운 컨셉을 발굴하는 것도 전략이다.

마지막으로 경쟁사가 시장세분화로 자사 상품의 핵심 브랜드를 공격할 때의 상황을 생각해보자. 이때는 경쟁제품의 시장 수요를 예측해 대응하되 가급적 동일한 컨셉으로 대응하지는 말아야 한다. 필요하다면 새로운 컨셉을 발굴해 다른 영역을 개척하는 것이 좋다. 경쟁사 컨셉과 유사하게 진입한다면 시장전이를 가속화할 수 있기 때문이다. 마음이 급해지더라도 냉정하고 합리적으로 대처하는 자세가 필요하다.

시장세분화를 통해 목표시장을 설정하는 과정이 타기팅이다. 타기팅 전략은 시장을 구성하는 핵심적인 변수를 고려해 수립돼야 한다.

첫 번째 고려할 변수는 고객이다. 타깃 고객이 누구냐에 따라 모든 전략이 달라질 수 있기 때문이다. 인구통계학적 변수에 따라 목표고객을 설정하는 방법이 있다.

두 번째는 경쟁사다. 경쟁사의 상품이나 서비스가 추구하는 목표시장과 자사 상품의 목표시장을 비교해 좀 더 경쟁력 있는 시장을 찾아내야 한다. 경쟁제품과의 컨셉을 확실하게 차별화하고 추가적인 혜택이나 기능적 편익을 가미해야 한다.

세 번째, 유통경로를 차별화함으로써 목표채널을 설정할 수 있다. 유통경로는 매우 복잡하게 세분화되고 있으며, 소비자가 해당 상품이나 서비스를 직접 구매하는 장소이기에 중요한 의미를 가진다.

포지셔닝,
한 단어일수록 강력하다

소비자의 머릿속에 자사 브랜드가 어떤 이미지로 형상화되고 자리매김하고 있느냐가 포지셔닝(positioning) 전략의 핵심이다. 포지셔닝은 경쟁사가 쉽게 모방할 수 없는 강력한 메시지로 명쾌하게 떨어질수록 효과적이다. 때로 그 메시지란 고객 입장에서 선택하고 발췌하는 언어일 수도 있지만, 마케터가 상품 컨셉과 연계해 사전에 발굴한 단어일 수도 있다. 이때는 마케터가 그 단어를 소비자에게 집중적으로 '교육'해 포지셔닝 전반을 리드하게 된다. 따라서 포지셔닝을 주도하고자 한다면 맨 처음에 선정하는 '한 단어'가 매우 중요하다. 상품별 속성에 따른 두 번째, 세 번째 이미지도 나름의 역할을 수행하지만 소비자 마인드에 최초로 상기할 수 있는 한 단어가 포지셔닝의 핵심이다. 물론 시장이 끊임없이 변화하고 진보하는 것처럼 포지셔닝 또한 대외적인 마케팅 환경변수에 영향을 받아 계속해서 움직인다.

포지셔닝 전략을 수립할 때는 몇 가지 원칙이 있다.

첫째, 상품이나 서비스 컨셉과 일치하는 한 단어를 찾아야 한다. 마케팅 전반에 걸쳐 IMC 전략은 신중하게 검토되고 실행되어야 한다. 포지셔닝에서도 결코 예외일 수 없다. 포지셔닝할 단어는 반드시 상품이 지향하는 컨셉과 일치시키는 것이 좋다. 브랜드 네이밍이 상품 컨셉에서 연계돼 만들어지듯이 포지셔닝할 단어 또한 브랜드 네이밍과 연계될수록 강력하다. 이렇게 선정된 포지셔닝 단어는 소비자 조사를 통해 검증될수록 안전하다.

둘째, 연속적으로 실행될 수 있는 단어일수록 더욱 효과적이다. 한 단어를 소비자 머릿속에 심는 데는 막대한 마케팅 비용이 소요된다. 따라서 기왕이면 그 단어를 모든 광고물에서 전반적으로 사용할 수 있어야 하며, 연속적으로 사용하면서 해당 단어에 대한 기득권을 확보할수록 좋다. 한 번에 제대로 만들어서 오랫동안 활용할 때 쌓이는 누적효과는 경쟁사들이 쉽게 모방하기 어렵다.

셋째, 광고 커뮤니케이션 컨셉에 포지셔닝 단어를 녹아들게 해야 한다. 일반적으로 성공적인 포지셔닝을 수행한 브랜드들의 공통점은 포지셔닝한 단어를 커뮤니케이션 컨셉으로 전환해 이를 소비자에게 성공적으로 전달한다는 것이다. 수많은 마케팅 수단 중에서도 TV매체 광고는 포지셔닝을 구축하는 가장 강력한 커뮤니케이션이다.

최근 치열한 시장환경에서 산업재나 소비재, 서비스 업계 마케터가 안고 있는 공통된 과제는 차별화된 경쟁력을 확보한 신제품 개발일 것이다. 그러나 카테고리를 불문하고 현재 시장은 대부분 성숙기에 진입해 있기 때문에 기능을 보완하거나 컨셉을 달리해 신제품을 출시해도 소비자들로부터 주목받기란 여간 어렵지 않다. 일반적으로 후발제품이 선발브랜드 인지도를 따라잡으려면 선발기업이 투자한 비용의 3배 이상을 투자해야 한다. 아무리 STP 전략을 잘 기획한 브랜드라도 마케팅 재원 없이 시장을 창출하는 것은 불가능에 가깝다.

《마케팅 불변의 법칙》의 주옥같은 법칙들 중에 포지셔닝의 관점에서 볼 때 선도자의 법칙만큼 중요한 법칙이 있다. '소비자의 기억 속에 맨 먼저 들어가야 한다'는 인식의 법칙이다. 브랜드 포지셔닝이란 해당 브랜드에 대해 소비자 마음속에 자리 잡은 가치를 말한다. 시장에서 브랜드 결정권자는 소비자들이기 때문에, 포지셔닝을 설정할 때에는 가급적 소비자 조사를 통해 미리 검증하는 과정을 거치는 편이 리스크가 적다. 아무리 이론적으로 좋게 포장된 포지셔닝이라 해도 해당 브랜드에 대한 매출이 발생하지 않으면 의미 없지 않은가. 마케팅의 최종 목적지는 브랜드 로열티를 높이는 것이며, 이는 매출과 수익으로 나타난다. 따라서 마케팅 모든 활동은 매출과 수익에 연계해서 수립되고 진행돼야 한다.

일반적으로 현업에서 포지셔닝 맵을 도안할 때 대부분 가격을 Y축으로 설정하고 상품 기능성을 X축으로 설정한다. 그러나 엄밀히 말해 이것은 시장세분화 맵에 가깝다. 가격은 시장세분화를 진행할 때 주로 활용되는 변수이기 때문이다. 물론 명품 브랜드일 경우에 최고급 프리미엄 가격이 고객의 머릿속에 가장 먼저 떠오르는 차별화 지점일 수 있다. 그러나 일반 화장품에 대해서도 '가격'을 가장 먼저 떠올릴까? 가격 요소로 포지셔닝 맵을 도안하는 것은 시장세분화와 포지셔닝을 혼동하고 있든가, 아니면 해당 브랜드를 차별화된 포지셔닝 요소로 도안할 수 없기 때문일 것이다.

만일 상품에 대해 정확한 브랜드 슬로건이나 브랜드 컨셉, 브랜드 편익을 한 단어로 설명할 수 없다면 이미 차별화된 브랜드 전략에 실패한 것이라 보아야 한다. 물론 해당 시장 성격에 따라 소비자가 중시하는 상품편익은 달라질 수 있지만, 강력한 포지셔닝을 구축하고 있는 브랜드들의 공통점은 이러한 소비자편익을 이미 선점하고 있다는 것이다. 강력한 STP 전략이 수립된 상품만이 현재의 포지셔닝 상황을 역전시키고 해당 시장을 가져올 수 있다.

포지셔닝에서 한 가지 유의할 점은 '제품 중심'의 포지셔닝에만 치우치지 말라는 것이다. 많은 기업들이 제품의 포지셔닝에 몰두하는 경향이 있는데, 좀 더 목적지향적으로 포지셔닝을 넓게 정의할 필요가 있다. 예를 들어 프리미엄 김밥인 '바르다 김선생'의 경우 '신뢰할 수 있는 재료로 김밥을 만들겠다'는 기업의 목적을 내세워 '바른 기업'으로 포지셔닝한 경우다. 착한 기업이 소비자들의 사랑을 받는 요즘, 기업의 목적(명분)이야말로 좋은 포지셔닝 전략이 될 수 있다.

마케터가 아무리 마음을 비우고 자신이 담당한 상품이나 서비스 시장을 분해하고 쪼개도 길이 보이지 않을 때가 있다. 이때는 마음을 비우고 자신이 담당하는 카테고리와 전혀 다른 시장세분화 변수를 검토해봄으로써 실마리를 찾을 수도 있다. 모든 길이 로마로 통하듯, 모든 시장은 카테고리를 불문하고 공통 변수를 가지고 있다. 그러니 우물 안의 개구리가 되지 말고 타산지석의 자세로 다른 시장의 카테고리에서 교훈을 얻어보자.

성숙한 시장에도 기회는 분명 존재한다. 실례로 국내 시장을 통틀어 가장 브랜드 전환이 이루어지지 않는 시장이 치약시장이라고 한다. 치약은 전형적인 저가격 생활용품임에도 자신의 입맛에 한번 맞을 경우 브랜드 충성도가 높아 반복구매율이 높다. 이러한 시장에서도 1998년

치약 소비가 급감하던 시기에 빅브랜드인 2080치약이 탄생했다. 철저하고 과학적인 세분화를 통해 새로운 영역을 개척한 대표적인 경우다. 화장품 시장도 마찬가지다. 화장품은 국내에서 가장 경쟁이 치열한 카테고리로 수백 개의 브랜드들이 10조 시장에서 쟁탈전을 벌이고 있다. 이러한 성숙시장에서도 해마다 히트상품이 탄생하지 않는가. 강력한 1등이 있다고 포기하지 말고 시장세분화의 기회를 모색한다면 어디에든 기회는 있을 것이다.

CHAPTER 09

본질은 지키되, 끊임없이 새로워져라

CEO가 자기 회사의 제품을 어떻게 인식하느냐는 대단히 중요한 문제다. 상품이나 서비스에 대한 경영자 철학에서 전략의 큰 그림이 만들어지기 때문이다. 우선 제품이나 서비스라는 기초가 견고해야 고객만족의 기틀이 완성될 수 있다.

모든 기업들은 제품이나 서비스를 고객에게 판매함으로써 지속가능한 성장을 추구한다. 소비자들은 다양한 제품들 중에서 자신에게 필요한 문제해결 방법을 제시하는 브랜드를 선택한다. 제품이란 소비자의 필요와 욕구를 충족시키는 가장 기본적인 수단으로서 중요한 의미를 지니지만, 다수의 제품들이 치열하게 경쟁하고 있는 성숙한 시장일수록 제품 자체보다는 브랜드의 진가가 더욱 빛을 발하게 된다.

우리가 일반적으로 알고 있는 '제품'은 마케팅 개념상 고객과 기업이 커뮤니케이션을 통해 교환행위를 수행하는 마케팅믹스 중 하나다. 마케터라면 제품 자체의 물리적인 속성 이외에도 제품을 구성하고 있는 포장재와 원료, 디자인, 컨셉, 사용기간, 가격 등이 포함된 총체적인 브랜딩 개념으로 제품을 이해하는 것이 바람직하다. 그렇다고 제품 자체에 대한 관리를 소홀히 하라는 말은 결코 아니다. 제품을 포함하고 있는 브랜드 관리가 그만큼 중요하다는 뜻이다.

핵심편익만으로는 부족하다

우리 주위에는 수많은 형태의 제품이 존재한다. 의식주를 충족시키기 위한 농수산물에서부터 수억 달러에 이르는 우주여행 서비스 상품에 이르기까지 헤아릴 수 없을 정도다. 만들면 무조건 팔리던 과거와 달리 현재 대부분의 시장은 공급이 수요를 초과하는 포화상태에 도달해 있다. 단적인 예로 현재 국내 의류시장의 재고가 우리나라 사람이 30년 동안 입을 수 있는 물량이라고 하는데, 이러한 시장일수록 마케팅 전쟁은 더욱 치열해질 수밖에 없다.

제품은 소비자의 구매 욕구에 따라 기능적인 속성에 중점을 둔 기능적 제품과, 기능적인 편익을 포함하면서 부가적인 혜택을 제공함으로써 소비자들의 감각적인 욕구를 만족시켜 주는 감각적 제품, 그리고 소비자가 제품의 전통과 명성에 초점을 두고 구매하는 상징적 제품으로 구분할 수 있다.

그러나 현대적 의미에서 제품은 통합브랜드 관점으로 이해하는 것이 바람직하다. 물론 제품의 성격에 따라 추구하는 핵심적인 편익 비중은 달라져야 하겠지만, 이는 지극히 당연한 말로 이들을 적절하게 믹스한 전략적인 브랜드 관리가 오히려 더욱 중요하다. 즉 에르메스, 몽블랑 같은 상징적 제품도 본연의 기능관리를 소홀히 해서는 안 되고, 기능적 제품인 세제나 생리대도 감성적 브랜드 로열티를 간과해서는 안 된다는 말이다. 다시 한 번 강조하건대 제품 자체에 대한 핵심속성을 관리할 때에는 부가적인 편익을 적절하게 믹스한 브랜드 관점에서 접근해야 한다. 아무리 기능성에 충실한 제품이라 할지라도 감성적 편익이 가미되지 않는다면 죽은 제품이 될 수 있다.

우리 머릿속에 있는 제품의 개념은 대부분 제조업체에서 만들어지는 유형의 상품이지만, 기업의 사업영역에 따라 제품의 성격은 천차만별로 달라질 수 있다. 온라인을 통해 사업을 영위하는 인터넷 전문기업의 상품과 광고주를 대상으로 서비스를 제공하고 일정 수수료를 취하는 광고대행사의 상품은 서비스 자체가 하나의 상품이다. 설령 유형의 상품이라 하더라도 그 제품을 둘러싼 제반의 요소들을 함께 고려해야 한다. 일례로 할인점의 상품은 해당 할인점에서 판매하는 여타 상품과 가격 그리고 할인점의 위치, 상품의 다양성, 상품의 신선도 등을 포괄한 총체적인 관점으로 이해해야 한다. 즉 제품 이외에도 부가적인 서비스의 질이 할인점 상품의 핵심적인 요인인 것이다. 고객들이 쇼핑할 때 부수적으로 필요한 주차공간이나 직원의 친절도, 밝고 깨끗한 환경, 환불조건 등도 중요한 고객의 선택요인이다.

무형의 서비스 상품을 관리하는 서비스 업계에서의 상품관리는 더욱 중요하다. 얼마 전까지만 해도 국내 서비스 업계의 제품전략은 회사의 이름 자체가 서비스 상품을 의미하던 수준에 머물렀으나 이동통신사들이 개별 브랜드를 도입하면서 국내 산업 전반에 급속히 파급되고 있다. 이처럼 시장은 성숙하고 규모가 커질수록 불가피하게 세분화되고, 그에 따라 브랜드 개념을 도입한 상품전략이 신제품 성공의 열쇠가 될 것이다.

우리가 각양각색의 얼굴과 키, 성격 그리고 캐릭터를 가진 것과 마찬가지로 제품도 특성에 따라 형태나 원료, 가격, 원산지, 포장재, 디자인 등 매우 복잡하고 이질적인 요소로 구성돼 있다. 가정용 난방 보일러를 사례로 제품 구성을 살펴보자면 실내를 따뜻하게 하는 것이 보일러의 핵심기능이고, 연료의 종류나 디자인, 난방방식, 품질 등에 따라 유형제품으로 세분화된다. 여기에 보일러를 설치하고 대금을 결제하는 방식, AS, 보증기간 등의 사후적 관리까지 포괄한 제품영역을 확장제품이라 할 수 있다. 기업 간의 경쟁이 과열되면서 제품의 경쟁범위가 확장제품 영역으로 더욱 확대되고 있는 실정이다.

단적인 예가 TV 홈쇼핑이다. 이들의 성공은 '제품을 구입하고 마음에 들지 않으면 한 달 이내에 반품할 수 있다'는 파격적인 확장제품을 제시함으로써 소비자들의 불신을 극복한 데 있다. 확장제품 영역은 소비재용품까지 확대돼 '고객이 불만족할 경우 100% 환불'이라는 슬로건을 제시하며 고객을 유인하고 있다.

적재적시에 리뉴얼하라

신제품 개발도 중요하지만 기존 제품 관리도 중요한 마케팅 과업 중 하나다. 특히 적절한 타이밍에 기존 제품을 리뉴얼(renewal)해야 하는데 이 시기를 놓치는 바람에 막대한 기회비용을 지불하거나 심지어 시장에서 퇴출되는 사례도 심심치 않게 목격할 수 있다. 시장에 성공적으로 안착했다 하더라도 제품은 사람과 마찬가지로 시간에 따라 연로해진다. 이때 제품수명주기에 따라 적절히 관리하지 않으면 시장에서 도태될 수밖에 없다.

이를 해결하기 위한 방안이 바로 기존 제품 리뉴얼 전략이다. 말 그대로 기존에 출시한 제품을 시의적절하게 수정하거나 보완함으로써 브랜드 로열티를 유지, 강화하는 제품관리 방안을 말한다. 농심 새우깡과 신라면, 동아제약 박카스, 오리온 초코파이 등 대표적인 국내 장수브랜드들은 대부분 리뉴얼 과정을 거쳤다. 이들이 수십 년 동안 소비자들의 사랑을 받으면서 국민브랜드로 자리 잡을 수 있었던 것은 적절한 시기에 적절한 방법으로 성공적인 리뉴얼을 완수했기 때문이다. 반면 한때 잘나가던 1등 브랜드들이 시장에서 도태되거나 고전하는 이유는 변화하는 고객의 수요와 욕구에 대응한 리뉴얼 전략이 부재했기 때문이다. 기존 제품 관리방안에서 리뉴얼 전략은 매우 중요한 마케팅 현안으로 아무리 강조해도 지나치지 않다.

리뉴얼 전략의 핵심은 단연 제품의 수명주기에 따른 적절한 타이밍을 판단하는 것이다. 제품 리뉴얼은 과연 언제 실행하는 것이 타당할까?

첫째, 시장점유율 지표가 수개월째 혹은 장기간 하락하고 있을 때 검토돼야 한다. 소비재용품 시장에서 시장점유율이 하락하는 원인은 대부분 소비자가 타 회사 제품을 구매하는 브랜드전환이 일어나기 때문이다. 일반적으로 6개월 이상 시장점유율이 하락한다면 브랜드에 대한 위험신호로 받아들여야 한다. 6개월 이상 적신호가 계속된다는 것은 일시적인 요인으로 볼 수 없기 때문에 대내외적인 점검이 반드시 필요하다. 성숙한 시장에서 신제품 출시를 제외한 대부분의 시장점유율 하락은 경쟁사의 과도한 판촉 때문에 일어나지만, 장기간 하락세가 이어지는 것은 자사 제품에 대한 브랜드 로열티가 낮아져서 경쟁력을 잃었다는 뜻이기 때문이다. 만일 이때 적절한 조처가 이루어지지 않는다면 손상된 시장점유율을 회복하기 위해 몇 배의 마케팅 비용을 지불해야 할지 모른다. 이 상황에서 리뉴얼은 완벽한 해결책은 아니더라도 하나의 대안이 될 수 있다.

여기서 6개월이란 일반적으로 소비재용품의 구매주기를 고려한 지수로, 절대적인 기준은 아니다. 그러니 특정 시점에 얽매이지 말고 경험과 노하우를 바탕으로 자사 상품의 특성을 고려해 리뉴얼 시점을 수립하는 것이 좋다.

둘째, 유통의 다변화로 전체 시장이 쇠퇴하고 있을 때에도 리뉴얼을 고려해야 한다. 일반적으로 국내 소비재용품 시장은 물가성장률과 비례해 성장하는 경향이 있다. 그러나 생활필수품임에도 규모가 축소되는 시장이 있는데, 이러한 현상은 유통 다변화 때문에 일어난다. 즉 인터넷이나 홈쇼핑 혹은 방문판매에서 매출이 증가하면 전국의 소매점은 타격을 받을 수밖에 없다. 이러한 유통의 다변화는 전체 시장을 하락시키면서 제조업체를 압박하고 있다. TV 홈쇼핑이나 인터넷, 모바일 등 무점포 판매방식은 오프라인 기업에 또 다른 경쟁자가 아닐 수 없다. 이러한 유통환경 변화에 대처하기 위해 핵심유통에서 지속적인 브랜드 로열티 강화 프로그램을 운영하거나 리뉴얼을 통해 무점포 유통을 공략하는 것도 방법이 될 수 있다.

셋째, 인구통계학적으로 핵심고객층이 점점 노령화되고 있을 때 리뉴얼을 진행해야 한다. 매출액을 구성하는 고객들의 인구통계학적 매출구성비는 매우 중요하게 다뤄야 한다. 대부분의 1등 브랜드는 가장 먼저 출시한 제품들이 차지하고 있는데, 이에 따른 문제점도 있다. 시간이 지날수록 핵심고객층이 점점 노령화된다는 것이다. 이를 해결하기 위해서는 지속적인 브랜드 관리가 절대적으로 필요하다. 앞서 설명한 동아제약의 박카스가 대표적 사례다. 박카스는 주 고객층이 연로해지는 현상에 대비해 커뮤니케이션 전략 등 모든 마케팅 요소를 새롭게 구성함으로써 리포지셔닝을 성공적으로 수행했다. 리포지셔닝 전략이란 기존 제품의 컨셉이나 제품 형태를 변화시켜 소비자 머릿속에 새롭게 포지셔닝을 구축하는 전략으로, 매우 신중한 접근이 요구된다.

리뉴얼을 진행할 때는 그래픽 디자인을 비롯해 제품 원료, 포장 형태, 심벌, 가격, 용량 등에 대한 전반적인 마케팅 전략을 모두 검토하는 것이 좋고, 완료 후에는 일부 점포에서 테스트 마케팅을 진행한 후에 본격적인 양산을 진행하는 것이 효과적이다. 리뉴얼이 잘못돼 다시 과거로 회귀하는 브랜드들도 간혹 있기 때문이다. 나아가 기존 제품을 리뉴얼한다는 것은 단순히 그래픽 디자인이나 내용물 컬러를 변경한다는 의미가 아니다. 이러한 방식은 실제로도 기업에서 가장 많이 활용되고 있지만, 리뉴얼은 마케팅 전반에 걸쳐 과거의 전략부터 철저한 사전점검이 선행되어야 한다. 리뉴얼을 진행할 때 가장 먼저 고려할 점은 기존 제품과의 연계성 및 변화의 정도에 대한 척도로, 이는 결코 소홀히 해서는 안 될 매우 중요한 사항이다. 코카콜라가 캔을 출시하면서 코카콜라병이 가진 이미지와의 혼선을 막기 위해 캔에 병 모양을 인쇄한 사례는 기존 제품이 지닌 브랜드 아이덴티티의 일관성을 가져가기 위한 전략이었다.

리뉴얼이라고 해서 기존 제품의 속성을 무조건 뜯어 고치는 것이 능사는 아니다. 기존 제품의 장점은 최대한 살리고 약점은 보완하면서 진행할 때 리뉴얼의 목표를 달성할 수 있다. 이를 위해서는 리뉴얼을 하기 전에 소비자 조사를 진행하는 것이 바람직하다. 조사를 통해 현재 브랜드에 대한 호감과 개선점을 도출한 후에 이를 리뉴얼 전략에 반영하기 위함이다.

시장이 지속적으로 변화하면서 세분화되는 동안 곳곳에서 보완재와 대체재가 출현하고 있다. 성숙한 시장에서 1등 브랜드를 많이 보유한 기업일수록 이런 문제는 더욱 심각하다. 이를 해결하는 방법 중 하나가 잘나갈 때 오히려 시장변화를 이끄는 것이다. 어차피 후발주자들은 리더의 전략에 따라 움직일 수밖에 없으므로 이를 활용하자는 것이다. 만일 리더가 먼저 움직이지 않는다면 후발주자들이 어떠한 방법으로든 차별화 전략이나 틈새상품 개발로 시장을 공략할 것이다. 만일 그들의 차별화 컨셉이 1등 브랜드를 위협할 정도로 독특하거나 특정 분야에서 세력을 형성할 정도라면 1등 브랜드는 딜레마에 빠질 수밖에 없다. 그들의 컨셉을 모방하자니 시장전이를 도와주는 셈이 되고, 1등 브랜드로서 자존심에도 깊은 상처를 입기 때문이다. 따라서 1등 브랜드일수록 새로운 시장을 미리 예측하고 잠재시장을 선점하는 전략으로 대체재의 위협과 2등 브랜드의 도전을 사전에 차단하고, 아울러 시장도 확대하는 양수겸장의 지혜를 발휘해야 할 것이다.

디자인 리더십을 갖춰라

디자인경영이란 말이 보편적으로 쓰이고 있다. 그만큼 디자인의 중요성과 위상이 높아졌다는 뜻이다. 현대경영에서 디자인이 제품의 핵심적인 구매의사결정 변수로 등장하게 된 이유는 의외로 단순하다. 시장이 성숙될수록 디자인이 중요한 차별화 요소가 되기 때문이다. 특히 막강한 1등 브랜드가 없고 브랜드 간 로열티 격차가 미미한 시장일수록 제품의 디자인은 소비자들의 구매결정에 결정적인 영향을 미친다. '이왕이면 다홍치마'라는 말처럼, 디자인은 좋을수록 좋다. 최근 공급과잉의 성숙시장에서 성공적인 차별화 수단으로 디자인이 부각되는 것은 이러한 이유에서다.

여기서 디자인이란 제품을 구성하고 있는 외형과 포장재를 포함한 그래픽 디자인을 말한다. 마케팅 전문 조사업체인 AC닐슨이 발표한 자료에 의하면 제품포장(package)은 브랜드 이미지를 높이고 소비자의 구매결정에 큰 영향을 미친다고 한다. 이들에 의하면 응답자의 59%가 제품포장이 마음에 들면 그 브랜드에 더 좋은 이미지를 갖게 된다고 응답했고, 53%는 처음 보는 제품을 구입할 때 포장을 중요하게 생각한다, 74%는 가격에 차이가 없다면 포장이 마음에 드는 것을 고른다고 응답했다. 구매에 대한 포장의 영향력은 제품군에 따라 조금씩 차이를 보였는데 사무용품(72%), 화장품(67%), 가전제품(67%), 음료(51%), 개인생활용품(44%), 일반식품(39%) 순으로 영향력이 큰 것으로 나타났다. 순위 차이는 있지만 어느 업종이든 디자인 자체가 매우 중요한 마케팅 수단이라는 점은 명확하다.

디자인이 마케팅에 중요하기 때문에 현업에서는 불가피하게 디자이너와 마케터 간의 갈등이 발생하기도 한다. 디자이너는 마케팅에 대한 이해가 부족하고, 마케터는 디자인에 대한 지식이 부족해 서로 불신하기 때문에 일어나는 일이다. 디자인이 제품의 중요한 선택기준이 되고 있는 만큼, 디자인을 이해하지 못하는 마케터는 성공하기 어렵다. 좋은 디자인이란 브랜드가 추구하는 STP 전략에 부합하는 디자인이며, 훌륭한 디자인은 디자이너와 마케터가 토론하는 가운데 탄생할 수 있다는 점을 잊어서는 안 된다.

마케터는 디자이너에게 정작 중요한 것은 '팔릴 수 있는 디자인'이지 디자인 자체를 위한 '멋진 작품'은 지양해야 한다는 점을 납득시켜야 한다. 이를 위해서라도 디자이너를 위한 마케팅 교육을 강화함으로써 시장지향적인 디자인이 나올 수 있도록 해야 한다. 물론 마케터도 다양한 측면에서 디자인에 대한 정보와 지식을 습득함으로써 디자이너를 이해하고 브랜드가 지향하는 방향으로 디자이너를 설득시킬 수 있는 리더십을 갖춰야 한다.

최종적으로 디자인 시안이 완료된 후에는 다양한 경로를 통해 소비자 검증을 진행해야 한다. 이때 소비자로부터 생각하지 못했던 조언을 듣게 되곤 하는데, 이를 잘 반영할 수 있어야 한다. 제품의 디자인을 구매하는 것은 디자이너가 아니라 소비자이며, 제품의 디자인은 어디까지나 디자이너의 기호가 아니라 소비자 선호에 따라 설계돼야 하기 때문이다.

SKU 전략으로 시너지를 강화하라

제품관리에서 SKU는 브랜드 효율성을 강화하기 위해 신중하게 검토돼야 한다. 제품의 SKU(stock keeping unit) 전략이란 동일한 제품군을 몇 가지 규격으로 운영할 때 재고와 매출성과를 효율적으로 달성할 수 있느냐에 대한 마케팅적 접근을 말한다. 규격이 많으면 많을수록 다양한 유통업체에서 발생할 수 있는 가격마찰을 해소하거나 소비자들의 각기 다른 욕구를 충족시킬 수 있는 반면, 기업 내부적으로는 제품개발 및 재고관리에 소요되는 비용이 증가하기 때문에 효율성이 떨어질 수 있다. 따라서 마케터는 경쟁사 현황과 소비자 상황 그리고 유통 상황을 적절히 믹스해 최대의 효율성을 창출할 수 있는 방향으로 SKU를 관리해야 한다.

제품의 SKU 관리는 넓은 의미에서 기업의 사업다각화와도 긴밀한 관계가 있다. 즉 기업이 현재 보유한 핵심역량을 새로운 영역으로 확장함으로써 시너지 효과를 창출하려는 의도와 유사하다. 국내에서 기존 핵심역량을 활용해 사업다각화에 성공한 대표적인 기업으로 CJ제일제당을 들 수 있다. 이들은 생활화학의 핵심역량을 모태로 제약, 사료, 외식사업, 엔터테인먼트, 물류, 홈쇼핑 등의 사업을 성공적으로 전개하면서 국내 20대 기업으로 진입했다. 또한 이 과정에서 기존의 로고를 과감히 버리고 제일제당에서 유출한 'CJ'라는 영문 이니셜과 새로워진 심벌로 각 사업부문을 일관성 있게 통일해 글로벌 시대에 대비했다.

SKU 관리는 브랜드 로열티가 높은 1등 브랜드일수록 더욱 중요하게 다루어져야 한다. 그 이유는 SKU 관리가 브랜드 확장과도 밀접한 관련이 있기 때문이다. 브랜드 확장을 통해 기존 브랜드의 파워를 활용하고자 할 때에는 브랜드에 대한 이해득실을 충분히 타진해야 한다.

SKU 관리의 대표적인 성공사례가 옥시의 '물먹는하마'다. 1990년대 초반에 국내 소비재용품 시장에서 옥시가 '물먹는하마'란 브랜드로 제습제 시장을 개척해 성공적으로 안착하자 다양한 업체에서 후발 브랜드를 출시했다. 대부분 저가격에 의한 미투 제품들로 브랜드 네이밍도 '물먹는코뿔소', '물먹는암소' 등과 같이 물먹는하마를 모방한 제품들이었다. 옥시는 카피 제품들에 대항하기 위해 신발장용 등 다양한 형태로 SKU 전략을 구사하면서 리더로서 방어막을 치는 동시에 시장확대를 꾀했다. 3개입 제품을 덕용(value pack)으로 포장해 대형할인점에 입점했고, 옷장용에만 국한된 제습제를 신발장용이나 화장실용 등으로 개발함으로써 시장확대는 물론 매장진열을 늘려 매출을 증가시켰다.

이에 힘입어 옥시는 다른 신규 카테고리에 '하마'라는 동일한 캐릭터와 네이밍을 도입해 패밀리 브랜드를 구축했는데, 국내 최초로 출시한 냉장고 탈취제인 '냄새먹는하마' 등이 그 예다. 나아가 이들은 '냄새먹는하마'를 냉장고에 국한하지 않고 실외나 화장실에서 사용할 수 있도록 비드타입 탈취제를 개발해 기대 이상의 매출을 거두었다. 나프탈렌 위주로 전통시장에서나 판매되던 방충제는 '하마로이드'로 용도를 확대했다.

이 밖에도 SKU 전략이 유용하게 쓰일 때가 있다. 예컨대 할인점의 최저가 경쟁을 피하기 위해 유통별로 SKU를 다르게 운영함으로써 유통 간 발생할 수 있는 가격마찰을 해소하는 경우다. 더러는 매출 효율성이 낮은 일부 유통채널에서 자신들만의 독자적인 상품기획을 해달라고 먼저 요구할 때도 있다. 그러나 이는 신중히 접근해야 할 문제다. SKU는 공장의 생산성과 직결되기 때문이다. 공장은 SKU가 단순할수록 자동화에 따른 단위당 생산원가를 낮출 수 있다. 그러나 일반적으로 생활용품의 경우 신제품을 출시하고 시간이 지날수록 SKU가 증가하는 경향을 보여 SKU 관리에 어려움을 겪고 있다.

이를 해결하기 위한 근본적인 대책 역시 브랜드 로열티에서 찾을 수밖에 없다. 브랜드 로열티를 강화함으로써 시장에서 브랜드 리더십을 확보하는 것이다. 분명한 것은 제품에 대한 SKU를 늘리면 늘릴수록 매출이 늘어난다는 단선적 사고는 철저히 배제돼야 한다는 것이다. 오히려 마케팅 논리에서는 SKU와 카테고리를 압축할수록 막강한 브랜드 파워를 구축할 수 있다. 따라서 SKU를 관리할 때에는 전체 브랜드 총합의 효율성을 따지되 브랜드 로열티도 동시에 고려해야 한다.

철수에도 전략이 필요하다

오늘도 실패한 제품들이 시장에서 끊임없이 사라지고 있다. 브랜드가 소비자로부터 신뢰를 잃어 시장점유율이 하락해 기업 내부에서도 상품에 대한 효율성이 한계에 직면하면 제품 철수를 결정하게 된다. 시장 크기는 한정돼 있고 경쟁은 가속화되는데 시장경쟁력을 잃었다면 퇴출될 수밖에, 별 도리가 없다. 신제품 성공률이 3할 정도라고 하니 10개 중 7개의 신제품은 시장에서 사라진다는 것이다. 이들은 대부분 화려한 등장이 무색하게끔 소리 없이 사라진다. 단적인 예로 신제품 출시 기획서는 최소 6개월 이전에 완료돼 확정되지만 기존 제품을 철수할 때에는 특정 개인의 지시로 철수시점이 결정되기 일쑤다. 심지어 철수 기획서조차 없이 진행되는 경우도 있다.

실패는 괴롭더라도, 실패한 제품을 시장에서 철수시킬 때에도 전략은 있어야 한다. 사전에 기획서를 작성해 원칙과 절차에 입각해서 퇴출시켜야 한다는 말이다.

앞에서 언급한 것처럼 지속적인 시장점유율 하락으로 대외 경쟁력을 상실했다고 판단된다면 철수를 고려해야 한다. 시장점유율은 브랜드의 직접적인 건강지표다. 시장점유율이 지속적으로 하락하면 초기에 대책을 세워야 하는데 만일 회복시킬 수 있는 타이밍을 놓쳤다면 진지하게 철수를 고민해야 한다. 한번 놓친 점유율과 타이밍을 회복하기 위해서는 막대한 마케팅 비용이 소요되기 때문이다.

더러는 팔수록 손해인 장사도 있다. 이처럼 제품에 대한 매출이 증가하면 할수록 수익이 마이너스 성장률을 보일 경우에도 제품을 철수시켜야 한다. 흔한 일은 아니지만 제품의 원가비중이 높아 매출이 증가할수록 제품원가가 상승하거나, 반품률이 지나치게 높아 직접경비가 많이 소요되면 마이너스 수익이 발생하는데, 특별한 경우가 아니라면 이런 제품은 시장에서 철수시키는 것이 좋다.

기술이 진부해져서 미래시장에서 승산이 없어 보일 때에도 철수를 결정해야 한다. 제품은 언제나 미래지향적이어야 한다. 과학기술의 진보는 사회적으로 많은 변화를 일으키고 있다. 컬러 TV가 흑백 TV를 대체하고, 디지털 카메라가 필름 카메라를 고사시켰듯이, 첨단기술은 끊임없이 기존의 제품을 위협한다. 이처럼 대외적인 마케팅 환경요인에 의해 크게 변화하는 시장에 종사하는 마케터들은 업계 차원의 대책을 시급히 마련해야 한다. 변화 흐름에 부합하지 못할 경우 퇴출을 감수해야 하기 때문이다.

물론 퇴출 결정은 쉽지 않다. 무엇보다 마케터 스스로 결단하기가 어렵다. 제품을 출시한 마케터로서 자신의 실패를 인정하기가 쉽지는 않을 것이다. 그 대신 이들은 제품을 리뉴얼하거나 다른 마케팅 수단을 활용해 돌파구를 찾으려 하지만 몇몇 예외를 제외하고는 부활하기 어렵다. 오히려 2차 실패를 야기함으로써 기업과 자신에게 이중고가 될 뿐이다. 객관적으로 판단할 때 시장에서 실패한 제품은 과감하게 철수하는 것이 그나마 이득이다.

마케터의 냉철한 판단을 돕기 위해 마케팅 조직에 순환근무를 도입하는 것도 방법이다. 일정 기간 동안 브랜드별로 순환근무를 시킴으로써 제삼자의 견지에서 시장과 브랜드를 객관적으로 판단할 기회를 주는 것이다. 실제로 브랜드 철수 결정이 가장 많이 이루어질 때는 마케팅 임원이 새로 부임했을 때다. 그들은 가장 먼저 브랜드 포트폴리오 전략을 점검, 수립하여 핵심적인 브랜드와 철수시킬 브랜드를 선정하곤 한다.

시장에서 제품을 철수시키기로 결정했다면 출시할 때 이상으로 심혈을 기울여야 한다. 카테고리의 성격에 따라 차이가 있겠지만 일반적으로 철수 시점에서 최소 6개월 전에 철수전략을 완료하는 것이 바람직하다. 철수전략 기획서에는 철수하는 이유와 목적, 시점, 방법 등을 정확히 명시해야 한다.

또한 철수한 후 해당 카테고리를 어떻게 할 것인지에 대한 의사결정도 미리 해두어야 하는데, 이때 특히 유념할 것이 있다. 현금확보에만 지나치게 중점을 두다가 유통업체와 소비자로부터 기업 자체의 신뢰도를 잃지 않도록 하는 것이다. 원료가격을 지나치게 낮추어 이익을 극대화하는 경우도 장기적으로는 자사의 다른 브랜드에 악영향을 미치거나 기업 신뢰도를 크게 떨어뜨릴 수 있다. 이 모든 점을 감안하면서 유통별, 지역별 철수 시점과 SKU 전략을 효과적으로 기획함으로써 유통업체의 클레임을 최소화해야 한다.

CHAPTER 10

브랜드가
조직을 이끌게 하라

마케팅 조직을 어떻게 설계할지 리더들의 고민이 커지고 있다. 기업 경쟁력은 상품력과 조직력이 핵심이기 때문이다. 단순하게 생각하면 마케팅 과업의 특성에 따라 조직을 설계할 수도 있다. 실제로 대부분의 기업들이 그렇게 마케팅 조직을 운영하고 있다. 그러나 그것이 정답이고 이상적인 방법일지 진지하게 고민해봐야 한다. 마케팅 업무는 다른 부서와 달리 수많은 변수에 따라 성과가 달라지기 때문이다.

마케팅 업무를 진행하면서 돌발적인 사고는 불가피하게 터지게 마련이다. 어느 부서나 돌발상황은 생길 수 있지만, 마케팅 부문은 정형화되기 힘든 업무 특성 때문에 다른 부서에 비해 자주 그리고 많이 발생하는 편이다. 제품을 생산하는 공장에서 일어날 수도 있고, 영업현장에서 발생할 수도 있다. 중요한 것은 사고가 터졌을 때의 신속한 해결이다. 사고가 터졌을 때 갈팡질팡하지 않고 매뉴얼에 따라 침착하게 해결해가야 한다. 때로는 정책이나 시책을 변경하면서 사소한 공지 하나를 놓치는 바람에 심각한 상황으로 치닫기도 한다. 회원 약관을 변경하거나 연회비를 조정하는 등 고객의 이익과 직결되는 변화가 있다면 반드시 고객에게 알려야 한다.

과학적 마케팅은 뛰어난 분석과 완비된 시스템으로부터 도출된다. 숫자로 구성된 미완의 데이터를 정보화하고, 복잡한 프로세스를 단순화해야 한다. 육감으로 어림짐작하지 말고 철저하게 데이터에 근거해 전략을 수립하고, 성과관리 시스템을 도입해 결과를 평가해야 한다. 기획 단계에서 기대되는 목표치와 효과를 기술할 수 있도록 프로세스를 표준화하고, 프로젝트가 종료된 시점에 성과를 반드시 입력할 수 있도록 시스템을 구축한다면 과학적으로 지표를 관리할 수 있다. 기업 내부에 이러한 시스템을 구축할 수 있는 근간은 무엇일지, 경영자라면 항상 염두에 두어야 할 문제다.

분기 또는 반기별로 마케팅 활동을 감사하는 시스템을 도입하면 '숫자'에 기반한 마케팅을 정착시킬 수 있다. 물론 이때는 수박 겉핥기 식의 제한된 감사가 아니라 적극적인 감사가 이루어져야 한다. 그렇게 된다면 마케팅 프로그램은 더욱 정교화되고, 전사적 관점에서 회사가 지향하는 방향으로 전략을 펼칠 수 있다.

때로는 시스템을 구축하는 과정에서 경영자와 마케팅 부서 간에 갈등이 벌어지기도 한다. 기존의 방식이 익숙한 마케터들은 마케팅 과업의 특성상 모든 업무를 프로세스로 구축하는 것은 불가능하다고 반발할지도 모른다. 그러나 역설적으로 그렇기 때문에 더욱 정형화된 프로세스가 필요한 것이다. 프로세스에 입각해 관리하면 효율이 높아지고, 재원의 합리적 분배도 가능하다. 전례가 있는 프로그램을 진행할 때에는 적정한 예산을 투입할 수 있고, 효과도 어느 정도 예측할 수 있다.

브랜드매니저가 해법이다

모두들 브랜드가 중요하다고 말한다. 해마다 발표되는 코카콜라, 애플, 구글, 마이크로소프트 등의 막대한 브랜드 가치는 우리에게도 더 이상 낯설지 않다. 이들을 부러운 시선으로 바라보기만 할 것이 아니라, 이제는 더 늦기 전에 브랜드 로열티에 대한 과학적인 마케팅 관리시스템이 필요하다.

이러한 기대치를 충실하게 소화할 수 있는 시스템은 무엇일까? 현업에서 브랜드경영을 실행하기 위해서는 우선 마케팅 인프라를 정비해야 한다. 마케팅 인프라의 가장 현실적인 대안이 바로 브랜드매니저 시스템(BMS: brand manager system) 도입이다.

경영의 조류가 바뀌면 그에 부합한 경영정보 시스템으로 시장을 리드해야 한다. 그렇다면 당대의 주요 경영이슈를 어떻게 파악해야 할까? 물론 경영자라면 피부로 이미 실감하겠지만, 객관적인 흐름을 살펴보려면 대형서점의 경제경영 코너를 방문해보면 잘 알 수 있다. 리더십과 자기계발, 마케팅이나 주식 관련서들은 항상 새로운 컨셉의 베스트셀러가 존재하곤 한다. 대체로 이들은 경영이슈나 트렌드와는 무관하게 스테디셀러의 입지를 구축하고 있다.

그중에서도 마케팅은 기업의 경영환경 변화와 함께 발전을 거듭해왔다. 기업 경영의 조류가 1970년대 생산중심적이던 방식에서 1980년대 판매지향적인 사고를 거쳐 1990년대부터 고객 또는 시장지향적인 사고방식으로 전환함에 따라 마케팅에도 CRM, 마케팅 전략, 인터넷, 브랜드 등을 키워드로 한 이슈가 대두되었다. 그 즈음 서점의 마케팅 서가에 가면 이런 주제의 책이 넘쳐났다. 앞에서 말한 것처럼 외환위기 전후로 에프킬라와 솔의눈 등의 브랜드가 높은 가격에 매각되는 사건(?)을 지켜보며 기업들은 자사 브랜드의 시장가치에 대해 깊은 관심을 가지게 됐다. 이를 반영하기라도 하듯이 브랜드 로열티 관련 서적이 봇물을 이루었고, 브랜드 관련 컨설팅도 성행했으며 대학에서도 브랜드 강좌가 추가 개설되기에 이르렀다.

그러나 이렇게 중요하다는 브랜드 경영을 어떻게 해야 할지, 현업에서는 여전히 막막한 게 사실이다. 그것은 브랜드가 눈에 보이는 유형가치가 아니라 마케팅 활동을 통해 사후적으로 만들어지는 무형가치이기 때문이다. 즉 보이지 않는 것을 관리해야 하기 때문에 어려운 것이다. 이처럼 어려운 브랜드 경영을 실행하는 첫걸음이 바로 브랜드 전담 조직을 신설해 마케팅 인프라를 구축하고, 브랜드매니저 제도를 통해 프로세스를 혁신하는 것이다.

국내 기업들이 브랜드의 중요성을 비교적 쉽게 인식할 수 있었던 배경은 브랜드가 갑자기 등장한 이슈가 아니라 과거에 수행해오던 마케팅 개념에서 파생됐고, 국내 기업들의 마케팅 역량 또한 이미 일정 수준에 도달했기 때문이다. 그러나 업계와 국경을 초월해 경쟁이 심화되면서 브랜드에 대한 전략적 관리는 더욱 중요해지고 있다. 이에 따라 현대자동차나 삼성, LG, SK 등과 같은 대기업들은 해외 선진기업을 벤치마킹해 브랜드 전담조직을 운영하거나 자사 마케팅 환경에 적합한 브랜드 파워 지표를 개발해 정기적으로 BPI(brand power index)를 관리하고 있다.

그러나 아직은 소수일 뿐, 국내 상장사들 중에서 브랜드 관리 전담 조직을 별도로 운영하고 있는 곳은 10% 미만인 것으로 나타난다. 더욱 우려스러운 점은 대다수의 기업이 브랜드 관리의 중요성에 대해서는 십분 공감하면서도 실무에서 이를 적용할 방법을 알지 못해 기존의 마케팅 조직 산하에 이와 유사한 업무를 수행케 하고 있다는 사실이다. 중소기업과 대기업의 편차도 크다. 중소기업의 경우 처음부터 자기 브랜드를 갖고 시작한 곳이 많지 않기 때문에, 제품만 잘 만들면 잘 팔릴 거라고 생각하기 쉽다. 실제 브랜드명과 로고를 보유한 것으로 충분하다는 인식을 갖는 곳도 있다. CEO가 오너가 아니라 경영성과를 평가받는 전문경영인인 기업은 브랜드 관리에 대한 선투자가 더욱 어렵다. 이러한 이유로 한국에서는 장수하는 100년 브랜드가 드물고, 브랜드 관리를 위해 마케팅 인프라를 재편하는 시도도 활발하지 않은 실정이다.

브랜드 경영에 맞는 조직은 따로 있다

국내 기업에서 나타나는 브랜드 관리유형을 살펴보면 크게 4가지로 구분할 수 있다.

첫째는 브랜드 관리에 대한 중요성을 알면서도 전담조직을 기업 내부에 만들지 않은 형태로, 국내 대부분의 기업이 이에 해당한다.

둘째는 마케팅부문 산하에 이와 유사한 브랜드 관련 업무를 취급하게 하는 경우로, 기업명이 곧 사업의 핵심 브랜드인 곳에서 주로 활용되고 있다.

셋째는 마케팅본부 산하에 브랜드실이나 브랜드 관리팀을 신설해 운영하는 것으로, 서비스 기업의 브랜드 관리에 적합한 형태라 할 수 있다. 그만큼 브랜드 관리를 잘 실천하겠다는 의지가 반영된 유형이라 할 것이다.

넷째는 유니레버나 P&G 등 세계적인 다국적 기업이 이미 실행하고 있는 브랜드매니저 시스템을 도입해 정착시킨 경우다. 국내에서는 1985년 애경이 유니레버와 합작법인을 설립하면서 최초로 도입한 이후 LG생활건강, 아모레퍼시픽, 유한킴벌리 등의 생활용품기업을 중심으로 확대되고 있다. 이러한 브랜드매니저 시스템은 선진기업에서 브랜드경영에 가장 적합한 형태로 검증되고 있다.

어떤 이들은 마케팅 조직에서 브랜드를 관리하는 것이 왜 문제인지

반문할지도 모르겠다. 과거의 마케팅 조직에서 브랜드 관리를 할 수 없는 가장 큰 이유는 브랜드에 대한 전권을 소유한 명확한 책임자가 없기 때문이다. 아이러니하게도 이 말에는 기업에 소속된 모든 사람이 책임자가 될 수 있다는 뜻도 내포돼 있다.

국내에서 가장 일반적인 형태의 마케팅 조직은 마케팅부문 산하에 마케팅기획팀, 상품기획팀, 광고관리팀, 판촉팀, 시장조사팀, 고객만족팀, 디자인팀과 같이 마케팅 업무 위주로 팀이 구분돼 있어, 겉으로 보기에는 매우 효율적이고 합리적으로 브랜드 관리를 실행할 것 같지만 실상은 전혀 그렇지 못하다. 이런 조직은 업무 위주로 분권화돼 있기 때문에 홍보팀에서는 홍보업무만을, 영업부서는 판매목표 달성을, 상품기획팀은 신제품 개발에만 역량을 집중함으로써 브랜드에 대한 일관된 정책을 운영하기가 현실적으로 불가능하다. 이러한 조직에서 TV 광고를 제작할라치면 상품기획팀이 의도한 전략과는 다른 컨셉의 TV 광고가 제작되는 경우가 종종 있는데, 이때 상품기획 담당자가 광고관리팀 업무에 관여하면 당장 '월권행위'라는 반발이 돌아오곤 한다.

이뿐 아니라 이미 출시된 브랜드에 대한 업무영역도 부서 간에 명확하지 않아 사안에 따라 책임을 회피하거나 공을 서로 차지하려는 갈등이 유발되기도 한다. 카테고리 중심으로 PM(product manager) 제도를 운영하는 조직에서도 실정은 마찬가지다. 심지어 마케팅 조직을 별도도 운영하지 않고 관리본부나 영업본부에 귀속시키는 기업도 많은데, 이런 조직에서 마케팅은 극히 제한적인 업무만을 수행할 수밖에 없어 결국 판매를 지원하는 영업지원부서로 전락하기 십상이다.

이에 비해 상품기획과 광고제작에 대한 무한책임을 갖고 있는 브랜드매니저 시스템에서는 이런 문제가 생길 여지가 많지 않다. 따라서 업무 중심으로 마케팅 조직을 운영하고 있는 기업은 하루라도 빨리 브랜드매니저 시스템을 도입해 과학적인 브랜드 관리를 도모해야 할 것이다. 아울러 브랜드 경영을 시작하기에 앞서 마케팅 조직이나 프로세스, 인프라를 개선하는 하드웨어 구축이 선행되어야 한다.

브랜드매니저, 오케스트라의 지휘자가 되어라

그렇다면 브랜드매니저의 구체적인 역할은 무엇일까?

신규 브랜드 개발, 기존 제품 개선, 광고제작 및 집행, 홍보전략 실행, 프로모션 기획 및 실행, 원가·매출·손익관리, 유통정책 관리, 리서치 등 브랜드 자산가치를 올리고 생명을 유지할 수 있도록 브랜드에 살아 있는 영혼과 힘을 불어넣는 일련의 활동이 브랜드매니저의 역할이다. 실로 방대하지 않은가? 그러나 브랜드매니저 시스템을 실행하는 국내 기업들도 아직까지는 광고관리팀이나 상품기획팀이 건재한 상태로 운영하기 때문에 실질적으로는 자신의 브랜드에 대한 판매계획이나 예산관리 같은 단편적인 업무를 수행하는 데 브랜드매니저의 영역이 국한될 수밖에 없고, 기존의 문제점도 그대로 재현되고 있다.

브랜드매니저 시스템의 핵심은 기능별로 분산된 마케팅 조직을 하나로 통합해 운영하는 소사장 체제에 있다. 브랜드 경영과 관련한 5가지 주요 현안으로는 브랜드 로열티와 브랜드 포트폴리오 전략, 포지셔닝, 브랜드 아이덴티티 전략, 브랜드 네이밍을 들 수 있다. 이를 실행하기 위한 원동력도 결국 브랜드매니저 시스템 구축이다. 그러니 경영자들은 단순히 브랜드 관리부서를 하나 신설하는 데 그치지 않고, 이들로 하여금 브랜드 경영의 첫 단추부터 유지관리까지 유기적으로 실행할 수 있도록 터전을 마련해야 할 것이다.

브랜드매니저 시스템을 구축하고자 하는 기업에서 가장 먼저 고려할 점은 자사 마케팅 환경과 브랜드매니저 시스템 도입의 적합성이다. 아무리 브랜드 경영이 중요하다 해도 모든 기업에 브랜드매니저 시스템 제도가 효과적인 것은 아니기 때문이다.

브랜드매니저 시스템이 가장 적합한 기업은 기업 브랜드 하에 여러 개의 복수 브랜드를 운영하거나 카테고리별로 패밀리 브랜드를 운영하며, 매출 규모가 비교적 큰 기업이다. 일례로 브랜드를 매개로 소비자와 직접 커뮤니케이션을 전개하는 소비재용품 기업에 매우 적합하다. 실제로 1931년에 브랜드매니저 제도를 가장 먼저 도입한 P&G는 기업 브랜드 하에 각각의 사업단위로 수백 개의 브랜드를 운영하고 있으며, 유한킴벌리도 여성용품, 유아용품, 성인용품, 가정용품 등 사업부별로 브랜드매니저 제도를 운영하고 있다. 이에 비해 상대적으로 매출 규모가 작거나 기업 브랜드가 곧 상품 브랜드인 기업이라면, 마케팅 부서에서 브랜드매니저의 업무영역을 관장해 명확한 책임과 권한을 갖고 여러 부서를 통합적으로 관리하도록 하는 것이 효율적이다.

브랜드매니저 제도를 구축하기 위한 구체적인 전략방향은 업무나 상품 중심으로 분권화돼 있는 기존의 마케팅 조직을 재편하는 것이다.

우선 상품기획팀과 시장조사팀, 광고관리팀을 없애고 이들을 전략기획팀으로 통합한다. 통합된 전략기획팀의 역할은 매우 중요할 수밖에 없다. 이들은 브랜드매니저 사이에 발생할 수 있는 자기 브랜드 중심의 사고를 전사 관점에서 전략적으로 조율하고 브랜드 포트폴리오 전략을 수행해야 한다. 이때 개별 브랜드에 대한 전략에는 일절 관여할 수 없게 하고, 오히려 브랜드매니저의 각종 업무를 지원하거나 돕는 역할을 수행하게 해야 한다. 또한 전략기획팀 산하에는 시장조사 담당자, 광고 전략 담당자를 선정해 체계적인 정보관리를 수행하도록 해야 한다. 물론 광고나 시장조사에 대한 전권은 해당 브랜드매니저에게 있다.

그다음 단계는 기업 내부의 모든 브랜드를 제품이나 브랜드 성격이 유사한 카테고리로 나눠 담당자를 선정하는 것이다. 기업 내부의 전략적 중요도나 매출액에 따라 1~3명 내외로 브랜드 전담자를 구성한 후 브랜드매니저와 어시스턴트 브랜드매니저(assistant brand manager)로 구분해 브랜드에 대한 전권을 위임해야 한다.

여기에는 CEO의 전폭적인 지원이 뒤따라야 하며 다른 부서들로부터 브랜드매니저 시스템이 성공적으로 정착될 때까지 협조를 얻어야 한다. 아니, 단순한 협조 차원이 아니라 회사의 모든 경영지표를 개별 브랜드 중심으로 전환해야 한다. 손익계산서나 대차대조표도 관리회계 관점에서 개별 브랜드의 합이 사업부 합이 되고, 사업부들의 합이 회사의 전체지표가 될 수 있도록 MIS를 변환해야 한다. 그뿐 아니라 고객만족팀에서 집계되는 월별 클레임도 브랜드별로 분류해 담당 브랜드매니저에게 통보될 수 있는 프로세스가 정립돼야 하고, 매출이나 손익목표도 브랜드별로 수립, 관리될 수 있어야 한다.

특히 대외적으로 광고대행사나 PR 대행사를 선정할 때에도 담당 브랜드매니저에게 책임과 권한을 이양하는 것이 좋다. 광고대행사의 경우 하나의 대행사에서 기업의 모든 광고물을 전담케 하지 말고, 사업부별로 다른 광고대행사를 운영할 수 있는 분위기를 조성함으로써 선의의 경쟁을 유도하는 것이 좋다. 제대로 된 브랜드매니저 시스템 하에서는 광고대행사 AE, 리서치 담당자, PR대행 담당자들이 한 배를 탄 것처럼 혼연일체가 돼 브랜드 전략을 일관성 있게 운영할 수 있다. 아울러 인터넷 마케팅팀의 경우도 반드시 마케팅부문에 귀속시키고, 홈페이지 구축도 담당 브랜드매니저가 주체가 돼 브랜드별로 커뮤니케이션할 수 있도록 설계해야 할 것이다.

브랜드매니저 시스템을 성공적으로 정착시키기 위해서는 사내 커뮤니케이션 체계를 구축하고 정례화해야 한다. 이를 위한 방안으로 브랜드매니저가 추축이 되는 4개 부문의 브랜드 관련 회의를 신설할 것을 권한다.

첫째, 제품개발회의를 매달 실시하되 격월로 CEO 및 R&D, 디자인, 경영기획, 생산부서 등의 유관부서가 모여 진행하면서 기존 제품 개선과 신제품 개발 진척현황에 대해 공유하고 그 자리에서 의사결정한다.

둘째, 브랜드전략 미팅이다. 브랜드별 목표대비 성과와 주요 이슈를 점검하고 전략방향을 수립하는 회의로 브랜드매니저가 발표하고 영업부, 경영기획부 등이 참석한다. 이 자리에서 주로 언급될 내용으로는 BPI 지수 현황과 다음 달 브랜드별 매출목표다.

셋째, 원가절감 회의로, 서비스 기업에서는 벨류체인(value chain) 개선회의라 할 수 있다. 이 자리에서는 유관부서별로 목표대비 실적을 발표하면서 브랜드에 대한 원가절감 방안이나 프로세스 개선에 대해 서로 아이디어를 모은다.

넷째, PR 전략회의에는 전월의 실적과 차월의 전략에 대해 브랜드별로 브랜드매니저가 발표하고 홍보실과 PR 대행사가 참석한다. 이 회의의 가장 큰 목적은 물론 브랜드 로열티 강화다.

이 모든 회의는 공통되게 브랜드매니저가 주관해 진행하고 필요에 따라 유관부서의 담당자와 의사결정권자를 참석케 한다. 만일 이 4가지 회의를 정상적이고 정기적으로 내부에 정착시킬 수만 있다면 브랜드매니저 시스템 제도는 50% 이상 성공한 것으로 볼 수 있다.

마지막으로 리더십과 역량을 갖춘 브랜드매니저의 확보는 성공적인 브랜드매니저 시스템 제도 구축의 화룡점정에 해당한다고 할 수 있다. 브랜드매니저는 브랜드 경영의 중심에 서서 부서별로 역할을 조정하거나 중재하면서 브랜드 로열티를 지속적으로 강화할 의무를 지닌다. 브랜드매니저가 다른 부서나 팀을 리드할 수 있는 역량이 부족하거나 그들을 설득하는 프리젠테이션 세부 계획이 제대로 준비되지 않으면, 이는 고스란히 자신이 담당하는 브랜드 성과로 나타난다. 그만큼 브랜드매니저의 역량은 절대적으로 중요하다. 브랜드매니저는 2만여 개의 부품으로 구성된 자동차를 운전하는 드라이버요, 100여 명을 이끄는 오케스트라 지휘자 같은 역할을 수행하는 사람이다. 연주자들은 자신의 연주에만 충실하면 되지만, 오케스트라 지휘자는 모든 악기의 소리를 충분히 소화하고 곡의 흐름을 재해석함으로써 자기만의 스타일이 살아나도록 만들어야 한다. 국경과 업계를 초월한 브랜드매니저 시스템 인프라로 무장한 다국적 기업과의 경쟁에서 살아남기 위해서라도, 경영의 최전선에서 브랜드매니저 도입에 대해 좀 더 진지한 검토가 이루어질 때다.

PART 3

실전 경쟁력을 재점검하라

CHAPTER 11

가격 경쟁력이 있는가

기업의 경영과 마케팅 전략에서 가장 강력한 화두가 될 수 있는 수단은 무엇일까? 아마 '가격'이 아닐까. 가격이란 제품이 지닌 편익과 서비스에 대한 총체적인 '가치'를 의미한다. 가격은 기업과 고객이 가치를 교환하는 근간인 동시에 기업에 수익을 가져다주는 근원으로서 중요한 의미를 가진다. 무엇보다 구매접점에서 소비자가 제품을 구매할 때 브랜드를 종합적으로 평가하는 기준이 되는 지표이자 제품이나 서비스를 선택하는 가장 강력한 수단이 될 수 있다. 일례로 소비자들은 '값이 비싸면 품질도 좋을 것'이라는 일상적인 믿음을 가지고 있다. 이러한 이유에서 리더는 가격이 가지는 기본적 의미를 넘어 총체적인 관점에서 가격에 대한 혜안을 가져야 한다.

최근의 가격경쟁은 IT의 발달과 함께 질적으로 달라지고 있다. 소비자가 오프라인 매장에서 제품의 바코드를 스마트폰에 대기만 하면 가격비교 사이트로 자동 연결돼 어디에서 가장 저렴하게 살 수 있는지 알려준다. 오프라인에서 제품을 고르기만 하고 정작 구매는 다른 매장이나 온라인쇼핑몰에서 할 수도 있게 되었다. 이처럼 가격은 시공을 초월한 무한경쟁 시대에 더욱 핵심적인 선택기제로 기업을 압박하고 있다.

이러한 현실에 현명하게 대처할 방안은 없을까? 경쟁사보다 가격을 낮게 매기기만 하면 모든 고민이 사라질까? 그렇다면 반대로 자사 1등 브랜드가 타사의 저가 제품들로부터 공격받고 있을 때에는 어떻게 대응해야 할까? 가격 문제는 마케팅의 영원한 숙제가 아닐 수 없다.

그러나 엄밀히 말해 가격은 마케팅을 구성하고 있는 하나의 수단에 불과하다. 여러 차례 강조했지만, 가장 중요한 것은 브랜드 로열티다. 가격은 브랜드 로열티를 구성하는 하위 요소일 뿐이다. 경우에 따라 가격 자체가 중요한 마케팅 현안이 될 수도 있지만 일반적으로 브랜드 로열티가 가격에 선행한다는 점을 명심해야 한다. 저가격은 마약 같은 존재여서 일시적으로 매출을 증진시킬 수 있을지 몰라도 장기적으로는 브랜드 로열티를 크게 훼손시킬 위험이 있다. 따라서 단기매출보다 장기적인 브랜드 로열티 관점에서 가격전략을 운용해야 한다.

가격에 관련된 마케팅 업무라면 신제품을 출시할 때 가격을 설정하거나 기존 제품의 가격을 재설정하는 일, 그리고 기존 제품을 리뉴얼해 재출시할 때 가격을 인상하는 일이 대부분이다. 그러나 무엇보다도 마케팅에서 가격관리가 중요한 이유는 브랜드의 최종 성과가 수익으로 나타나고, 제품에 대한 수익은 결국 가격이 결정하기 때문이다. 즉 기업의 수익률은 가격을 어떻게 설정하느냐에 따라 결정되고 매출액도 가격의 고저에 따라 달라질 수 있다.

공장도가격 설정이 핵심이다

신제품 가격을 설정할 때는 STP 전략과 컨셉에 상응한 가격전략을 운영하는데 이때 제품의 특성이나 관여도, 제조원가, 경쟁제품 가격 등이 주요 고려대상이 된다. 기업이 신제품 가격을 정할 때 가장 관심 있는 분야는 단연 신제품 이익률이다. 여기서 이익이란 공장도가격에서 가격할인율과 제조원가를 차감한 이익을 말하는데, 이익률을 결정하는 두 가지 변수가 바로 제조원가와 공장도가격이다. 일반적으로 가격은 다양한 원료와 부자재가 결합돼 만들어진 제조원가와, 여기에 일정한 판매관리비와 이윤이 포함된 공장도가격, 그리고 유통업자의 마진이 포함된 소비자가격의 3단계로 구성된다. 기업에서 설정하는 가격은 대개 공장도가격을 가리킨다.

제품의 제조원가는 가격구조 선상에서 최하위에 위치하는 개념으로 공장도가격을 설정할 때 가장 중요한 지표가 된다. 제조원가는 원료와 부자재, 생산비 등으로 구분되며, 낮을수록 공장도가격을 설정하기 편하다. 반대로 제조원가가 높을수록 가격 책정에 운신의 폭이 좁고 제조업자의 이익도 줄어든다. 원가가 높다고 공장도가격을 높였다가는 소비자가격이 상승해 시장에서 가격 경쟁력을 잃게 된다.

기업에서 원가절감이 중요한 현안으로 대두되는 것은 원가를 절감한 만큼의 금액이 곧바로 수익으로 연결되기 때문이다. 실제로 소비재용품에서 단위당 10원의 원가를 절감할 경우 매년 1000만 개를 판매하는 브랜드의 연간 원가절감액은 1억 원에 달한다. 이 때문에 대부분의 기업들은 원가절감을 위한 TFT를 운영하고 월별, 분기별로 원가절감 회의를 하곤 한다. 이 자리에는 마케터와 포장재 담당, R&D 요원 그리고 생산관리자가 모여 다양한 부분에서 원가절감 방안을 모색한다.

제품의 원가에 크게 영향을 미치는 또 하나의 변수는 공장의 생산효율성으로, 이에 따라 제조원가가 크게 달라진다. 국내 시장에서 가격이란 변수로 가장 극심하게 경쟁하는 곳이 정유 업계인데, 이들의 품질과 원가 경쟁력은 생산설비와 정유기술에서 판가름 난다. 심지어 일부 직영주유소의 경우 소비자가격이 공장도가격보다 싼 실정이다.

최근에는 공정이나 원료의 동질화로 제조업체 간 품질이나 원가 차이가 점점 좁혀지고 있는데, 특히 공산품처럼 표준화된 상품일수록 더욱 그렇다. 이런 환경에서는 원가 경쟁력도 중요하지만, 브랜드 로열티가 무엇보다 중요해진다. 그럼에도 제품의 원가 경쟁력이 다양한 마케팅 프로모션 활동을 수행할 수 있도록 하는 힘의 원천임은 부인할 수 없다.

한편 제품 가격에 가장 큰 영향을 미치는 것은 공장도가격이다. 공장도가격에 따라 제조업자의 이익과 유통업자의 마진 그리고 최종적인 소비자가격이 결정된다. 공장도가격은 제조원가를 비롯해 경쟁사 제품의 가격을 바탕으로 정하고, 이에 대한 소비자검증을 거쳐 최적의 안을 도출해야 한다. 그러나 최근에는 제조업자만 가격결정을 주도하지 않는다. 제조업자가 가격을 결정하던 기존의 권장소비자가격 제도와 최종 판매자가 실제 판매가를 결정하는 오픈 프라이스 제도(open price system)가 번갈아 시행되는 등, 제조업자가 쥐고 있던 가격결정의 무게중심이 유통업체로 이관되고 있는 점은 매우 중요한 변화다.

신제품 가격을 설정할 때 실질적으로 가장 큰 영향을 미치는 대외적인 변수는 경쟁제품의 가격이다. 제조원가는 기업 내부에서 어느 정도 통제할 수 있는 변수이지만 경쟁제품의 가격은 기업의 통제가 불가능하다. 이때의 경쟁사란 시장을 구성하고 있는 리더와 도전자 그리고 기타 브랜드들 중에서 주로 시장에서 가장 강력한 영향력을 행사하는 1등 브랜드 가격을 말한다. 경쟁중심적 가격설정 방법은 3가지로 요약할 수 있다. 경쟁사보다 가격을 높게 책정하는 방법과 낮게 책정하는 방법 그리고 대등하게 책정하는 방법이 있다.

국내 제조기업들은 공장도가격을 설정하는 데 두 가지 큰 어려움이 있다. 첫째는 대부분의 부존자원을 수입에 의존하고 있기에 환율변동에 따라 제조원가가 요동친다는 것이다. 둘째는 대형 유통업체들이 법망을 피해가면서 막강한 구매력을 무기로 입점장려금이나 과도한 가격할인을 요구한다는 것이다.

원유 등 1차 원료가격의 상승이나 인플레이션은 제조원가를 상승시키는 직접변수로 작용하기 때문에 대부분의 1차 원료를 수입에 의존하는 우리나라로서는 국제 원자재 가격 변동이 원가관리의 큰 변수가 아닐 수 없다. 대외적인 요인으로 원가가 상승하더라도 원가 상승분만큼 그때그때 공장도가격에 반영하는 것은 현실적으로 불가능하기 때문에 평상시에 원가 경쟁력을 강구해야 한다.

대형 유통업체와의 힘겨루기도 제조업체들의 오랜 고민거리다. 시장에서 가격할인율이 높을수록 제조업자의 이익은 줄어들 수밖에 없다. 반면 상대적으로 유통업자의 마진은 늘어난다. 이 때문에 대형 할인점들은 막강한 구매력을 무기로 제조업체에 가격할인을 요구하여 자신의 이익을 보전하고, 동시에 소비자에게는 저렴한 가격을 제시하려 한다.

관행적으로 제조업자는 공장도가격에서 일정한 비율로 가격을 할인해주는 '가격할인제도'를 운영하고 있는데 결과적으로 가격할인율은 제조원가와 함께 제품의 이익률을 결정하는 또 하나의 단서가 되고 있다. 가격할인율에 따라 제조기업과 유통업체의 이해관계가 상충돼 갈등이 일어나기도 한다.

가격인상이 불가피한 경우에도 유통업체들은 제조업체의 가격인상분을 받아들이지 않으려는 경향이 있다. 심지어 기업의 기밀에 해당하는 원가항목을 공개적으로 요구하기도 한다. 가격을 올릴 때에는 경쟁사의 가격전략과 자사의 내부적인 요인을 동시에 고려하면서 소비자 저항을 최소화하는 선에서 가격을 인상해야 한다. 아울러 유통업체를 설득하기 위해 미리 가격인상에 대한 '문서화된 공문양식'을 준비해두는 게 상책이다.

소비자가 느끼는 가치를 매겨라

가격설정은 체계적이고 과학적인 절차를 통해 이루어져야 한다. 제품의 가격을 구성하는 요소는 매우 복합적이기 때문에 어느 한 부문에 치우쳐 가격을 설정하는 것은 위험하다. 또한 제품의 가격은 브랜드 전략과 STP 전략, 마케팅믹스 전략을 통합적으로 고려하면서 설정해야 하는데도 가격은 이미 정해진 마케팅 전략을 실천하는 하위 전술일 뿐이라는 양면성도 가지고 있다.

제품의 가격을 설정할 때 가장 선행돼야 할 점이 있다면 제품출시 목적을 명확하게 규정하는 것이다. 신제품을 출시하는 배경 및 목적에 따라 가격전략의 밑그림을 그리게 되고, 브랜드 컨셉은 이를 좀 더 명확하게 하는 데 도움을 준다. 기업은 시장상황이나 자사의 여건에 따라 신제품을 출시하는데, 경우에 따라 자사 1등 브랜드를 보호하기 위해 저가 브랜드를 출시하기도 하지만 대개는 매출확대를 통해 외형 성장을 이루기 위해서다. 신제품 출시목적이 명확할수록 성공적인 STP 전략과 가격전략이 수립될 수 있다.

이후 STP 전략을 통해 가격전략을 구체화하는 과정에서 특히 유의할 점은 제품의 시장진입 순서다. 시장에 최초로 진입하는 경우와 브랜드 로열티가 이미 강하게 구축된 시장을 차별화로 공략할 경우 가격전략은 각기 달라야 한다. 일반적으로 국내에서 최초로 진입하는 카테고리에서는 고가정책을 통해 고마진을 취하는 반면, 후발주자들은 저가를 활용한 침투정책을 취하는 경향이 있다. 물론 STP 전략도 가격을 정할 때 결정적인 영향력을 미치는 선행변수이다.

가격결정 선행변수를 모두 검토한 후 내부적인 자료인 제조원가와 이익률 등을 고려해 잠정적으로 공장도가격을 정해야 하는데 제조원가가 낮을수록 마케터가 가격을 전략적으로 활용할 수 있는 운신의 폭이 크지만, 후발로 시장에 진입할 때는 이미 설정된 경쟁사 제품의 가격이 실질적으로 가격설정에 가장 크게 영향을 미친다. 이때 마케터는 경쟁사 가격보다 공장도가격을 높게 정하는 방법과 동일한 가격을 책정하는 방법, 낮은 가격을 책정하는 3가지 방법 중에서 택하면 된다. 일반적으로 제품의 컨셉이 명확하거나 STP 전략이 차별화를 이룬 경우 마케팅 전략과 일치한 가격정책을 수립할 수 있는 데 반해, 컨셉이 불분명하거나 STP 전략이 애매모호하게 수립됐을 경우 고가정책은 현실적으로 불가능에 가깝다.

공장도가격을 설정한 후에는 소비자 조사를 통해 검증하는 과정을 거쳐야 한다. 아무리 좋은 제품일지라도 소비자가 구입하지 않으면 소용이 없다. 따라서 소비자가 제품의 가치대비 비용을 지불할 수 있는 가격을 책정해야 하고, 이를 위해 마케터는 신제품 컨셉 테스트를 진행하거나 시제품을 제조한 후에 소비자 조사를 통해 소비자가 인식하는 제품가치를 점검해야 한다.

상품이나 서비스의 특성에 따라 리서치 방법도 달라진다. 이때 제품을 실제로 사용하는 환경을 조성해서 소비자가 인식하는 실제 제품가치를 측정하는 것이 좋다. 설령 시제품으로 테스트를 하더라도 가급적 완제품에 가까운 상태로 진행해 소비자 오류를 최소화함은 물론이다. 소비재용품의 경우 주로 가정유치 조사를 통해 소비자의 제품 만족도 및 가격저항선 그리고 신제품 구매의향을 함께 측정할 수 있다.

그러나 국내에서 처음으로 출시하는 제품이나 경쟁사 대비 독특한 차별성을 지닌 제품에 대해서도 사람마다 제시하는 가격이 천차만별인 경우가 허다할 뿐 아니라 대체로 낮은 가격대를 응답하는 경향이 있으므로, 이 결과를 100% 반영해 신제품 가격을 정하는 것은 위험할 수 있다. 그보다는 소비자들이 제품의 어떤 가치에 주목하는지 등의 복합적인 요인을 고려해 가격을 정하는 것이 좋다. 가격에 대한 소비자 조사는 어디까지나 마케터가 잠정적으로 설정한 가격을 검증하는 수단으로 활용해야 한다.

설문지 조사를 할 때는 문항을 구체적이고 명확하게 설계해야 하고 특히 가격에 대한 설문지를 작성할 때는 매우 신중을 기해야 한다. 설문지 조사 결과 가격수용도가 5척도 기준 3.3점을 상회할 경우 성공적인 가격이라 할 수 있지만, 3.0점 미만의 점수를 얻었다면 전반적인 마케팅 전략의 재검토가 요구된다.

다만 소비자들은 가격에 대한 응답은 다른 설문에 비해 대체로 부정적인 편임을 감안하자. 따라서 제품의 특성과 카테고리 성격을 감안해 설문결과를 정확히 해석해야 한다. 응답점수만 측정해 판단하지 말고 제품에 대한 속성별 만족도(제품효과, 사용 편리성, 사용기간 등)를 동시에 고려하면서 판단해야 한다. 제품의 전반적인 만족도에서 3.5점을 받았는데 가격에서 3.0 미만의 점수를 받았을 때와, 제품 만족도 3.0 미만을 받았는데 가격은 3.5점 이상을 받았을 때의 상황은 서로 다를 수 있기 때문이다. 물론 특별한 경우를 제외하고 제품만족도와 가격수용도는 대체로 일치하는 편이다.

가격결정에서 참고할 만한 사항 중 하나는 수요에 대한 가격탄력성이다. 이는 크게 3가지 경우로 나뉜다. 가격탄력성의 절댓값이 1보다 큰 경우에는 약간의 가격변화에도 판매량이 크게 변화하고, 가격탄력성의 절댓값이 1보다 작으면 비탄력적 수요가 나타난다. 그리고 가격탄력성의 절댓값이 1일 때는 가격의 변화율만큼 판매량이 변화해 총수익에는 변화가 없다. 마케터는 자신의 상품에 대한 탄력성을 파악한 상태에서 가격을 운용해야 한다.

소비자들의 심리도 고려할 대상이다. 소비자들은 1만 원보다 9900원이란 가격을 실제보다 더 저렴하게 인식하는 경향이 있다. 금액의 자릿수가 다르기 때문이다. 옷가게에 9900원이라는 가격표가 많은 것도 이러한 효과를 노린 것이다. 가격이 서비스 상품의 이미지를 결정하는 서비스마케팅 기업은 이런 방법을 유용하게 활용하고 있다.

상품의 특성에 따라서는 특별한 판매처에 파격적인 할인가격을 제시함으로써 매출증진을 통한 현금흐름과 재고를 동시에 관리할 수도 있다. 이를 위해 대부분의 기업에서는 '특판영업팀'을 운영하고 있다. 그러나 특판은 양날의 검처럼 신중하게 활용해야 한다. 주먹구구식으로 가격을 할인하거나 기존 제품과 동일한 방법으로 손익계산서에 비용을 할당할 경우 자칫 막대한 판매기회를 잃을 수 있다. 이런 부작용을 피하기 위해 특별한 판매가격을 설정할 때는 반드시 공헌이익 관점에서 접근해야 한다. 1등 브랜드를 과도한 가격할인으로 내모는 행위로 단기매출을 달성할 수 있을지는 몰라도 장기적인 측면에서 유통경로의 갈등을 키우고 브랜드 로열티를 크게 훼손시킬 수 있다.

무조건 아끼는 손익관리는 하지 말라

제조업자는 공장도가격을 설정한 후 예상 매출액을 근거로 해당 제품의 일정 기간 동안의 수익을 산정하게 되는데, 이때 반드시 고려돼야 할 부분이 투자에 따른 손익분기점 돌파 시점이다.

일반적으로 해당 기업의 재무상태는 손익계산서와 대차대조표를 통해 알 수 있다. 대차대조표가 자산과 부채를 적시해 기업의 재무상태를 한눈에 보여주는 지표라면, 손익계산서는 일정 기간 동안 기업이 달성한 매출액 성과를 보여주는 대표적인 경영지표다. 이 중 마케팅 부서가 가장 많이 활용하는 지표는 손익계산서로, 마케터는 손익계산서를 통해 개별 브랜드에 대한 월별, 분기별, 년별 매출액 대비 수익성 지표를 확인할 수 있다.

개별 브랜드가 모여 팀의 전체 손익이 구성되고, 팀별 손익이 모여 기업의 전체 손익을 구성한다. 이 때문에 마케터에게 담당 브랜드에 대한 손익계산서 관리는 매우 중요하다. 보통 손익계산서는 1개월 단위로 작성하고 분기별, 반기별, 년별로 합산한다. 국내 상장기업들은 손익계산서와 대차대조표를 통해 기업의 경영성과 및 재무상태를 일반 주주들에게 공시할 의무를 지니며, 투자자들은 이를 가장 기본적인 투자지표로 활용한다.

손익계산서에서 마케터에게 가장 이슈가 되는 계정은 '광고판촉비'다. 물류비나 일반관리비와 달리 광고판촉비나 R&D 비용은 투자에 따라 성과가 달라질 수 있는 변동비이기 때문에 대부분의 기업들은 경기가 어려워지면 연구개발비와 마케팅 비용부터 줄이는 경향이 있다. 실제로 우리나라가 외환위기를 겪을 당시 기업들은 구조조정을 단행하면서 광고판촉비와 R&D 비용을 대폭 삭감했는데, 이는 단기적으로 비용절감이라는 성과를 올렸을지 몰라도 장기적으로는 기술력의 퇴보와 브랜드 로열티 저하를 피할 수 없었다. 반면 외환위기를 오히려 기회로 활용해 공격적인 마케팅을 전개함으로써 사업재편을 단행한 기업들도 있다. 따라서 경영자들은 R&D와 마케팅에 소요되는 예산을 비용으로만 볼 게 아니라 미래의 브랜드 로열티 강화를 위한 투자로 보는 장기적인 안목을 가져야 한다.

현업에서 마케팅에 관해 자주 하는 표현 중 '마케팅은 숫자요, 매출은 인격'이 있다. 숫자와 연계되지 않는 마케팅 활동이나 구체적인 성과를 측정할 수 없는 마케팅 활동에 일침을 가하는 말이다. 마케팅의 종착역은 손익계산서 상의 당기순이익이다. 실제로 브랜드 파워지수를 별도로 개발하지 않은 기업에서는 마케터를 평가할 때 손익계산서의 지표를 가장 중요하게 참조한다. 손익계산서 가장 아래 적힌 당기순이익은 특정 기간 동안 마케팅을 수행한 최종 성과물이라는 데 이견이 있을 수 없고, CEO나 마케팅 중역들 또한 브랜드별 경상손익을 토대로 주주로부터 평가받게 된다. 따라서 마케터라면 무릇 자신이 진행하고자 하는 마케팅 과업을 손익계산서에 대입해봄으로써 이해득실을 타진할 수 있어야 한다.

히트상품의 공통점 중 하나는 마케팅믹스를 잘 관리했다는 점과 함께 특별히 부각될 수 있는 차별화된 강점이 있었다는 점이다. 반면 시장에서 실패한 제품들은 마케팅믹스에서 치명적인 실수를 범하곤 하는데, 여기에 가격이 차지하는 비중도 의외로 높은 편이다. 성공적인 가격설정이 모든 제품의 성공을 보장하는 것은 아니지만, 성공한 대부분의 히트상품에는 가격전략이 주효했음을 명심해야 할 것이다.

CHAPTER 12

유통 경쟁력이 있는가

기업의 경쟁력을 결정하는 또 하나의 변수는 유통경로(channel)를 어떻게 구성하느냐의 문제다. 매출액과 관련해 채널이 중요한 이유는 고객과 제품이 직접 만나는 고객접점이기 때문이다. 경쟁사와의 경쟁은 결국 채널에서의 경쟁으로 압축된다. 경쟁사가 운용하는 채널에 함께 침투해 소비자들의 장소 편익을 늘려주고, 경쟁제품에 비해 가격에서든 품질에서든 경쟁우위를 보여줘야 한다.

기업에서 만들어진 상품들은 다양한 유통경로를 통해 최종소비자에게 전달되는데, 경쟁사와 비교해 유통채널을 어떻게 구성하느냐에 따라 고객접점이 달라진다. 자신이 직접 유통채널을 운영해 고객에게 곧장 상품이나 서비스를 판매할 수도 있고 간접유통을 통해 상품이나 서비스를 공급할 수도 있다. 전자의 경우에는 비용이 많이 발생하지만 스스로 유통정책을 펼치는 만큼 경쟁력을 강화할 수 있다. 그러나 대부분의 기업들은 비용 및 관리 문제 때문에 간접유통 방식을 취하고 있다. 유통의 현장에서 발생하는 다양한 문제는 이러한 구조적인 문제에서 출발한다.

유통은 소비자로 하여금 필요한 상품을 시간이나 장소에 구애 받지 않고 구입할 수 있도록 해주는 역할을 한다. 산업화 초기에는 유통이 공급자 중심이어서, 수요와 공급의 원리에 입각해 단순히 부족한 상품을 조달하는 데 목적이 있었다. 그러나 현대적 개념의 유통에는 소비자의 수요와 욕구를 충족시켜 재구매를 창출한다는 마케팅 개념이 자리하고 있다. 그리고 그 중심에는 필연적으로 '고객만족' 개념이 있다.

과거와 달리 공급이 수요를 초과하는 데다 유통업체도 다양해짐에 따라 업체 간 경쟁이 치열해지면서 유통에도 마케팅 개념이 갈수록 중요해지고 있다. 단적으로 IT 기술의 발달과 더불어 등장한 온라인쇼핑몰은 기존 오프라인 유통을 파괴적으로 변화시켜 버렸다.

그렇다면 마케터는 어떤 관점에서 유통을 바라보아야 할까?

첫째, 급변하는 유통환경 변화를 경쟁사보다 미리 예측하고 해당 유통 특성에 적합한 프로모션이나 제품을 운영해야 한다. 채널은 마케팅의 판매촉진 아이디어가 실행되는 장(場)으로 고객접점에 해당한다. 현재 국내유통은 가히 춘추전국시대라고 봐도 무방하다. 온라인과 오프라인, 백화점과 할인점, 전문점과 복합점, 스마트쇼핑 등 유통의 퓨전현상이 극심해지고 있다. 더불어 떠오르는 채널과 쇠퇴하는 채널, 서울 및 수도권과 지방 소도시에서 일어나는 채널의 변화 등도 눈여겨봐야 한다. 여기에 무엇보다 글로벌 경쟁환경에 부합되는 전략이 요구되고 있다.

둘째, 제조업체에서 유통업체로 힘이 전이되고 있는 상황에서 제조업체의 헤게모니를 유지하려면 강력한 1등 브랜드 육성이 더욱 절실하다. 유통업체로 무게중심이 이동하는 양상은 시장경제에서 필연적으로 발생하게 되며, 일부 유통업체들은 막강한 구매력을 무기로 지나친 가격할인을 요구하거나 입점비 같은 별도의 부대비용을 책정하기도 한다. 최근 유통업체들의 PB상품이 인기를 끄는 데 반해 PB상품 제조업체들의 시름이 깊어가는 것도 비슷한 맥락의 고민이다. 낮은 단가로 잘나가는 상품과 유사한 것을 만들어야 하니 어려움을 겪는 것은 당연하다. 이러한 불공정한 관행에 대처하는 궁극적인 방안은 막강한 파워를 지닌 브랜드를 육성하는 것뿐이다. 모든 길이 로마로 통하듯, 브랜드 로열티는 마케팅에서 발생하는 모든 문제에 대한 해결책이 될 수 있다.

셋째, 영업을 전담하는 내부 영업사원 및 대리점과 긴밀한 유대관계를 형성해야 한다. 유통은 제조업체에서 만들어진 상품이 소비자에게 전달되는 과정으로, 경로구성원의 영향력이 막강하다. 이들은 시장에서 입수한 고객과 경쟁사 정보 및 현장에서 터득한 마케팅 노하우를 모두 가지고 있다. 마케터가 이들에게 신제품의 경쟁우위를 설득시킬 수 없다면 신제품의 성공가능성은 그만큼 낮아질 수밖에 없다. 유통을 전담하는 1차 고객들인 영업부서와 대리점에 먼저 신뢰성을 확보해야 한다.

채널별 특성을 이해하라

우리나라는 1996년 유통시장을 개방한 이래 홈쇼핑의 급성장과 할인점의 공격적인 점포확대에 힘입어 전통시장이 구조적으로 안고 있던 많은 유통상의 문제점들을 개선해가고 있다. 이미 백화점 매출을 추월한 할인점의 성장, 24시간 영업을 최대 강점으로 내세운 편의점의 확대는 소비 고급화와 주5일 근무제 정착과 맞물려 국내 유통시장의 다변화를 가속화했다. 그러나 이러한 성장에도 불구하고, 여전히 국내 전체 유통 기반은 취약한 실정이다. 산업자원부에 따르면 우리나라 전체 소매업체수는 70만여 개에 달하며, 이 중 78%가 전용면적 20평 미만의 영세한 업체들이라 한다. 외국 유통업체들이 우리나라 유통시장에 매력을 느끼고 속속들이 진출을 시도하는 것 또한 국내 유통시장이 아직 영세성을 벗어나지 못했기 때문이다.

유통전략은 결국 상품 구매시 시간과 공간에 대한 니즈를 어떻게 충족시킬지의 문제로 귀결된다. 소비자들은 저마다 서로 다른 편익을 추구한다. 백화점 고객과 할인점 고객의 성향은 서로 다를 수밖에 없다. 경제적인 면을 중시하는 사람은 저가격을 지향하는 할인점을 주로 이용할 것이고, 상품의 품질이나 다양한 쇼핑 경험을 추구하는 소비자는 백화점을 이용할 것이다.

이처럼 유통은 소비자의 구매 스타일이나 영업방식, 영업시간 등에 따라 세분화돼 있다. 원스톱 서비스를 제공하는 백화점과 가격 경쟁력을 앞세운 할인점, 24시간 영업의 편의점, 인터넷 기반의 온라인쇼핑, 낙원악기상가처럼 특정 업체들이 모여 지역상권을 형성하는 복합쇼핑몰 등은 각각의 영역에서 시공을 초월해 치열하게 경합하고 있다. 그중에서도 가장 괄목할 성장을 보이며 탄탄하게 자리 잡은 채널은 TV 홈쇼핑이다. 특히 홈쇼핑은 구매한 제품이 불만스러울 경우 100% 환불해준다는 파격적인 제안으로 세계에서 유일하게 급성장했다. 최근에는 인터넷 강국이란 명성과 함께 성장한 모바일쇼핑이 소비자들의 삶과 유통지도를 바꾸어놓고 있다.

백화점은 비교적 역사가 오래된 유통업체로, 국내 백화점 3인방인 롯데, 신세계, 현대백화점은 전체 백화점 매출의 70% 이상을 차지하고 있다. 여전히 국내 유통에서 중요한 역할을 담당하고 있지만, 새로운 활로를 모색하는 실정이다. 웰빙 열풍과 빈익빈 부익부로 대변되는 소비의 양극화는 백화점의 차별화 방안을 암시하고 있다.

국내 할인점은 IMF 외환위기를 기점으로 급속한 성장을 이루었고 이를 발판으로 국내 유통시장 질서를 재편하고 있다. 이들은 저마진 고회전 품목 중심으로 대량구매, 대량진열, 대량판매의 영업전략을 고수하고 있다. 이들은 국내 유통구조를 개선해 국민경제의 수준을 한 차원 높이는 동시에 유통단계를 간소화해 소비자물가를 낮추는 역할을 하기도 했다. 한국은행에 따르면 할인점은 소비자물가를 연평균 0.45%p 하락시킨 것으로 조사됐다. 국내의 대표적 할인점으로는 신세계이마트와 롯데마트, 외국계로는 홈플러스 등이 있다.

24시간 영업을 앞세워 도시의 주요 거점상권을 확보하며 새로운 유통의 축으로 떠오른 곳이 편의점이다. 소형 슈퍼마켓과 달리 편의점은 본부 체제의 체인 형태로 운영되고 있지만, 이들 간에도 서로 좋은 상권을 확보하기 위해 경쟁이 치열하다. GS25, 세븐일레븐, C&U가 빅3를 형성하고 있는 가운데 바이더웨이와 미니스톱도 꾸준히 입지를 넓혀 전국에 4만 2000점의 CVS점포가 영업하고 있다. 그에 따라 초기 대도시 중심권에서 소도시 주택단지로까지 영역을 확장하고 있다.

인터넷의 발달은 마케팅원론을 처음부터 다시 다루어야 할 정도로 마케팅 환경에 큰 영향을 미쳤다. 그중에서도 온라인쇼핑몰의 성장은 오프라인 기업들에 인터넷을 새로운 판매채널로 활용할지에 대한 결단을 촉구하기에 이르렀다. 통계청 조사에 따르면 온라인쇼핑몰은 2015년 기준으로 약 1000여 개에 이른다고 한다. 한편 스마트폰 출시 이후에 모바일 쇼핑은 완전한 대세로 자리 잡았다. 대한상공회의소에서 발간한 '2015년 유통산업백서'에 의하면 2014년 모바일쇼핑 매출액은 13조 1000억 원으로, 사상 최초로 연간 10조원을 돌파했다고 한다. 2011년보다 무려 12조 5000억 원이나 증가한 수치다. 스마트폰으로 물건을 검색하고 결제하는 일이 일상화되면서 온라인 쇼핑의 채널이 웹에서 모바일로 이동한 것이다.

자연히 오프라인 소매채널에서도 변화가 나타났다. 대형마트(-3.4%)와 백화점(-1.6%), 슈퍼마켓(0.8%)등 전통적 소매채널은 부진한 반면 1~2인 가구 및 소량구매 증가에 힘입은 편의점(8.7%)은 높은 성장세를 보였다. 실제 TV 홈쇼핑 역시 전화가 아닌 자체 '모바일 앱'을 통해 주문을 받고 있으며, 방송보다 모바일 판매에서 성장세를 보이고 있다.

모바일 쇼핑의 증가에는 쿠팡이나 위메프 등 소셜커머스의 성장도 빼놓을 수 없다. DMC미디어가 공개한 모바일 쇼핑 이용실태 조사에 의하면 모바일 쇼핑 이용 시 소셜커머스를 이용한다는 응답자가 60.1%로 가장 많음을 알 수 있다. 소셜커머스라고 답한 사람들은 '타 쇼핑몰에 비해 저렴하다' 혹은 '사용하기 편하다' 등을 선호 이유로 꼽았다. 그렇다고 소셜커머스를 대세라고 단정하긴 어렵다. 최근에는 무조건 저렴한 물건을 찾기보다 '질 좋은' 제품을 합리적인 가격에 사려는 소비자들도 많아지고 있기에, 그에 맞는 맞춤형 전략이 요구된다.

백화점, 대형마트, 홈쇼핑, 직영점, 재래시장, 온라인, 그리고 모바일까지 물건을 판매할 수 있는 유통채널은 매우 다양하다. 그러나 유통 다각화라는 이유로 무조건 입점하기보다 자사의 상황에 가장 잘 맞는 채널은 무엇인지 숙고하여 선택, 집중하는 마케터의 지혜가 필요하다. 물론 그전에 채널별 특성을 이해하고 준비해야 함은 물론이다.

판매와 홍보를 동시에 추구하라

1995년 국내에서 TV 홈쇼핑이 개국할 당시만 해도 오늘날처럼 성공하리라 확신하는 사람은 많지 않았다. 그러나 이들은 24시간 전파매체를 활용해 시간과 공간을 초월한 신개념 쇼핑문화를 창출하는 데 성공했다. 케이블 TV 보급 확대와 환불정책으로 홈쇼핑이 지닌 '신뢰성 부족'이라는 진입장벽을 제거한 덕분이다. 그 후 TV 홈쇼핑은 방송을 통해 획득한 수백만의 고객정보를 기반으로 온라인쇼핑몰을 비롯한 카탈로그 통신판매에서도 두각을 나타냈다.

제조업체로서도 TV 홈쇼핑을 반길 이유는 충분하다. 판매와 PR 효과를 동시에 거둘 수 있기 때문이다. 쇼호스트는 방송 내내 쉬지 않고 제품의 정보를 제공하고 홍보한다. 5초짜리 TV 광고에서는 상상할 수도 없는 자세한 정보가 고객들에게 전달돼 입소문으로 퍼져나간다. 물론 홈쇼핑은 정확한 수요예측이 어렵고 반품률이 높다는 단점이 있지만, 그럼에도 고정적인 유통망을 보유하지 못한 중소기업이 신제품을 판매하는 데에는 매우 적합한 채널이라 할 수 있다.

TV 홈쇼핑에 진입하고자 한다면 우선 홈쇼핑의 특성을 이해해야 한다. 홈쇼핑의 특성은 다음과 같다.

첫째, 상품의 단가가 4~5만 원 이상일 때 방송을 개시할 수 있다. 홈쇼핑사의 마진과 물류비 때문인데, 객단가가 높을수록 전체 매출에서도 경쟁력을 확보할 수 있다.

둘째, 방송 시 정확한 수요예측이 매우 어렵다. 특히 첫 방송이 그러한데, 상품의 특성과 성격에 따라 고객 주문이 천차만별이기 때문이다. 그럼에도 대량주문을 감안해서 재고는 충분히 확보해두어야 한다. 자칫 배송이 늦어지면 곧장 고객 클레임으로 연결되기 때문이다. 반대로 주문이 폭증해 재고가 부족할 경우에도 홈쇼핑사에 부정적 이미지를 주어 2차 방송이 어려워질 수 있다.

셋째, 반품률이 높기 때문에 대처방안을 마련해두어야 한다. 홈쇼핑은 경품에 매혹돼 자신도 모르게 주문했다가 뒤늦게 반품을 요구하는 경우가 흔하다. 똑같은 옷이라도 아름다운 모델이 화려한 무대에서 입었을 때와 고객이 집에서 입었을 때의 느낌은 다를 수 있지 않겠는가. 이 때문에 품목에 따라 대략 10~40% 반품률이 발생하며, 의류나 패션 상품의 비율이 특히 높다. 택배를 통해 배송되기 때문에 완제품 상태가 훼손될 수 있다는 문제도 감안해야 한다.

넷째, 유통조직이 없는 중소기업 상품이 홈쇼핑채널에 적합하다. 홈쇼핑은 매출과 광고를 동시에 추구할 수 있는 매우 유용한 채널이다. 비록 방송시간 동안 판매는 많이 되지 않더라도 해당시간에 노출된 상품에 대한 광고효과는 결코 작지 않을 것이다. 따라서 우수한 상품인데도 영업조직이 없어서 판촉에 애를 먹는 중소기업 상품이나 입소문에 기대하는 아이디어 상품이라면 TV 홈쇼핑이 적격이다.

다섯째, 방송시간대에 따라 매출이 크게 달라진다. 대체로 오전 10~12시, 밤 11~12시에 매출이 정점을 찍는다.

유통업체에 끌려가지 말라

유통경로에는 다양한 경로구성원이 있다. 이들은 저마다 다른 이해관계를 추구하기 때문에 필연적으로 갈등이 발생하곤 한다. 만일 자신이 제조한 상품을 소비자에게 직접 판매하거나 유통경로를 단일채널로 운영할 경우 갈등을 걱정할 필요도 없을 것이다. 그러나 대부분의 상품들은 소비자의 손에 닿기까지 다양한 유통경로를 통해 전달되고, 그 과정에서 각각의 경로구성원들은 '유통마진'이라는 공동의 목표를 놓고 갈등하게 된다. 상품의 특성과 업태의 속성에 따라 갈등의 양태도 다양한데, 가장 전형적인 갈등은 제조업체와 유통업체 사이에서 벌어지는 '가격할인'이다. 더욱이 유통경로가 점점 복잡해짐에 따라 할인을 둘러싼 갈등은 점점 더 증폭되고 있다.

대형 유통업체의 가격경쟁이 한창이던 때에는 이마트를 필두로 '최저가격 신고보상제'를 실시하기도 했다. 상품의 구매와 관계없이 이마트에서 판매하는 상품이 타 할인점보다 비싸다는 것을 신고만 해도 5000원 상품권을 주는 파격적인 제도였다. 이마트 정책에 대응하기 위해 2위 업체인 홈플러스도 동일 상권 내의 타 점포보다 가격이 비쌀 경우 차액을 2배로 보상한다는 최저가격 2배 보상제를 실시했다. '프라이스컷(price cut) 제도'를 통해 시장지배력을 확보하려는 의도였다. 이들이 시행한 프라이스컷 제도란 할인점에서 판매하는 1000여 개 품목의 가격을 기존 가격보다 최대 50% 가깝게 인하하는 정책이다. 이러한 대형 할인점들의 저가격경쟁은 소비자주권 시대와 맞물려 유통단계를 줄이고 직거래 문화를 선도함으로써 유통경로에 소요되는 각종 비용을 절감하는 등 긍정적인 측면도 있다. 그러나 할인한 만큼의 부담은 고스란히 제조업자의 몫이 되었다.

유통현장에서 제조업체와 유통업체가 갈등하는 가장 큰 이유는 유통마진에 대한 이해관계가 상충되기 때문이다. 이들은 공장도가격 할인율을 놓고 서로의 이익을 확보하기 위해 신경전을 벌이지만, 대개 협상의 주도권을 쥐고 있는 유통업체의 승리로 끝나곤 한다. 대형 할인점에서 상품구매를 전담하고 있는 바이어들은 전국에 포진한 수십 개 대형점포의 구매력을 배경으로 막강한 힘을 과시하는데, 때로는 납품처에 과도한 요구를 하다가 정부의 행정조치를 받는 경우도 있다. 이에 대응하기 위해 제조업자들은 경험이 풍부한 직원을 할인점 담당으로 배치하고 있지만 아무래도 힘의 우위에서 밀리는 실정이다. 국내 유통시장 개방과 함께 불붙기 시작한 할인점 확산 및 유통업체가 판매가격을 설정하는 추세가 강화되면서 할인점의 힘은 더욱 막강해질 전망이다.

그렇다면 제조업체가 유통업체에 끌려가지 않고 시장에서 힘의 우위에 설 수 있는 방안은 무엇일까? 특정 유통채널에서 일시적으로 발생하는 클레임에 대해서는 영업사원이 적절하게 대처하면 되겠지만, 구조적 갈등까지 영업부에서 해결하는 데는 한계가 있다. 이 또한 결국 마케팅에서 브랜드 로열티로 풀어야 할 과제다. 다음에 제시되는 3가지 방안에 해법이 있다.

첫째, 강력한 브랜드 로열티를 가진 1등 브랜드 육성이다. 유통업체도 제조업체와 마찬가지로 '고객'이라는 공통분모를 가지고 있기 때문에 고객이 1등 브랜드를 원할 경우 매장에 진열할 수밖에 없다. 더욱이 대부분의 1등 브랜드는 매출액이 높고 회전률도 좋기 때문에 유통업체로서도 마다할 이유가 없다. 1등 브랜드에는 모든 매장에 진열될 수 있는 특권이 있는 셈이다.

둘째, 상품을 특화해 특정 유통채널에만 공급함으로써 갈등을 방지할 수 있다. 홈쇼핑 전용상품이나 브랜드 등이 좋은 예로, 해당 채널에서 일정 수준 이상의 매출을 확보할 수 있다는 확신이 있을 때 활용된다. 여기서 유의할 점은 선택한 채널이 타깃과 일치해야 한다는 점이다. 아울러 채널별로 특화된 제품이나 전용 규격을 운영해야 한다. 예컨대 백화점용과 할인점용의 상품을 차별화하는 식이다. 이때 전용 제품 운영에 대한 생산 및 재고 효율성도 먼저 따져볼 일이다.

셋째, 동종 업계 경쟁사와 공동 마케팅을 통해 대처방안을 강구하는 것이다. 여기서 말하는 공동 마케팅이란 경쟁사와의 담합이 아니라 유통업체에 대항한 힘의 결집을 뜻한다. 오늘날은 업계를 초월한 공동 마케팅이 드물지 않으며, 필요하면 적과의 동침도 불사할 때다. 실제로 1등 브랜드가 참여한 공동연대는 의외로 강력한 힘을 발휘한다. 물론 경쟁자와 상호 신뢰를 형성해야 자중지란을 피할 수 있을 것이다.

매출과 손익을 동시에 평가하라

유통전략의 핵심은 단연 경쟁사 대비 매장으로의 침투율을 높임으로써 매출극대화를 꾀하는 것이다. 이때 마케팅이 브랜드 출시에서부터 소비자가 상품을 구매하는 흐름 전체를 관리한다면, 영업부의 핵심 역할은 상품을 판매하는 거래선을 관리해 상품이 매장에서 소비자에게 팔릴 수 있도록 장소편익을 제공하는 데 있다. 마케팅이 좀 더 전사적인 측면에서 브랜드에 대한 광범위한 전략을 수립하고 집행한다면 영업부는 고객접점인 '채널'에서 구체적인 전술을 실행하는 부서다.

대부분의 기업에서 마케팅과 영업부 사이에는 언제나 긴장관계가 형성돼 있다. 매출이 잘나올 때야 무엇이 문제이겠는가. 그러나 매출이 떨어지면 첨예하게 대립하곤 한다. 마케팅과 영업이 매출이라는 공동의 목표를 향해 협력해야 브랜드가 강력한 시너지를 발휘할 수 있지만, 실제로는 매출에 대한 책임소재를 서로에게 전가하기 일쑤다.

영업과 마케팅 간 의견이 부딪칠 때 CEO의 결단력이 중요한데, 합리적인 CEO라면 영업부와 마케팅 부서의 긴장관계를 적절하게 운용할 필요가 있다. 부서 간 선의의 경쟁을 유발한다면 조직에 활력을 불어넣을 수도 있기 때문이다. 그러나 CEO가 지나치게 매출 지향적인 경영을 추구한다면 마케팅은 단지 영업을 지원하는 부서로 전락해 제품들의 브랜드 로열티도 희석될 수밖에 없다. 이러한 기업은 매달 매출 마감에 연연하다 큰 그림을 그리지 못하고, 자칫 한순간에 회사가 걷잡을 수 없는 상황으로 치달을 수도 있다.

기업에서 영업부서의 핵심 역할은 자신이 맡은 채널이나 지역에 할당된 매출목표를 달성하는 것이다. 영업사원들이 거둔 매출액이 모여 기업의 전체 매출액과 손익을 구성한다. 이에 비해 마케팅은 브랜드에 대한 전사적인 매출목표를 책임진다. 이 때문에라도 CEO는 전사적 관점에서 영업보다는 마케팅 지향적인 의사결정을 내리는 것이 바람직하다.

아울러 평가기준도 쇄신해야 한다. 현재 대부분의 기업에서는 매출액을 단순히 사업부별로 합산한 후 목표대비 달성률을 산출해 영업지표로 활용하고 있는데, 여기에 손익개념을 적극적으로 도입해야 한다. 영업부에 손익개념을 도입해 매출과 손익을 동시에 관리하면 지금까지 관행적으로 해오던 밀어내기 식 매출달성 방식을 손익 중심 마인드로 일시에 쇄신할 수 있다. 손익이 반영되지 않고 채널별로 매출액만 관리할 때와 손익과 매출액을 동시에 관리할 때의 영업성과는 크게 달라진다. 목표대비 실적이 가장 우수했던 팀이 꼴찌로 전락할 수도 있다. 손익과 매출액은 정비례하지 않기 때문이다.

손익개념을 집어넣고도 우수한 성과를 달성하려면 경상이익 달성률이나 판매가격, 실적 구성비가 모두 우수해야 한다. 경상이익을 유지하려면 매출액 달성을 위해 가격할인이나 경품 등에 과도한 영업비용을 지출할 수 없다. 영업사원이 유통업체가 해달라는 대로 수용하면서 영업한다면 경상이익이 악화되는 것은 당연지사다. 더 큰 문제는 그 과정에서 브랜드도 헐값으로 떨어지고 만다는 것이다. 매출액과 이익이라는 두 마리 토끼를 잡을 수 있는 방향으로 영업정책을 유지할 때 비로소 브랜드 로열티가 보호받고 관리될 수 있다.

따라서 역량 있는 마케터라면 채널별 매출과 손익의 특성을 이해한 채 유통전략을 펼쳐야 한다. 마케팅에서 유통관리가 특히 어려운 이유는 대부분의 마케팅 요소는 마케터가 통제할 수 있는 데 반해, 유통은 대외적인 변수가 너무 많을뿐더러 마케터가 통제할 수도 없다는 데 있다. 유통환경에 영향력을 행사하는 요소는 경쟁사의 유통전략과 바이어의 요구뿐 아니라 정부시책 변경이나 고객의 수요 변화 등 매우 다양하다. 하나같이 통제가 어려운 것들이다.

영업부서에만 맡겨두지 말라

마케터가 유통전략을 계획하고 집행하면서 전략적 사고로 영업을 리드할 수 없다면 마케터로서 자격이 없는 것이다. 효과적인 전략 수립을 위해 몇 가지 유통운영 전략에 대한 지침을 제시하고자 한다.

첫째, 제품 컨셉과 일치하는 핵심유통채널을 선정해야 한다. 유통시장이 세분화되면서 '점포의 특성'은 곧 '고객의 특성'으로 인식될 정도가 되었다. 따라서 출시하는 제품이 추구하는 STP 전략에 따라 핵심유통채널을 명확히 정의해야 한다. 채널을 확정한 다음에는 특별관리가 필요하다. 프로모션을 여러 채널에 분산하기보다는 핵심채널에 자원을 집중해 효율성을 극대화하는 것이다. 핵심유통채널을 선정하고 관리하는 것은 마케팅의 핵심 과업 중 하나다.

둘째, 경쟁사 브랜드의 유통현황을 분석해야 한다. 마케팅 의사결정에서 간과할 수 없는 축이 경쟁사 동향이다. 채널전략도 마찬가지로, 경쟁사의 영업력과 정책에 따라 자사 브랜드를 전략적으로 운영해야 한다. 국내 시장에 최초로 출시되는 제품이 아닌 이상 대략의 채널은 이미 확정돼 있어 마케터의 운신의 폭이 넓지는 않다.

셋째, 영업부서와의 긴밀한 커뮤니케이션은 필수다. 영업부는 채널을 관리하는 부서다. 이들은 마케터에게 제2의 내부고객이나 다름없다. 이들과 우호적인 유대관계를 유지하지 못하면서 제품을 시장에서 성공시킨다는 것은 사실상 불가능하다. 소비자 손에 도달하기 이전에 유통경로에 존재하는 구성원들을 설득하고 만족시켜야 최종 소비자도 만족시킬 수 있다. 따라서 영업부 목소리에 항상 귀 기울이면서 그들의 요구를 적절하게 수렴해야 한다. 특히 전체 영업을 총괄하고 지원하는 영업기획 부서와는 돈독한 관계를 유지해야 한다.

넷째, 적재적시의 물류배송 시스템을 구축해야 한다. 물류시스템 설계는 유통운영 전략에서 경쟁사와 차별화할 수 있는 또 하나의 중요한 수단이다. 대형 할인점들은 납품업자에게 적시에 재고를 공급하지 못할 경우 별도의 재제조치를 취하고 있다. 이러한 불이익을 피하려면 채널특성 및 요구에 부합하는 물류시스템을 구축해야 한다. 특히 농수산물처럼 제품의 유효기간이 생명인 카테고리에서는 물류시스템이야말로 핵심 경쟁력이다.

다섯째, 규격차별화로 채널 갈등을 최소화해야 한다. 단일상품을 전국의 여러 채널에 판매할 때는 앞에서 살펴본 다양한 갈등이 유발되기 쉽다. 채널별 소비자가격이 달라져서 혼선이 일어나고 자칫 경로 구성원 간의 저가격 경쟁이 심화돼 제조업자가 부담을 떠안을 위험도 있다. 이럴 때에는 규격 차별화로 일부나마 문제를 해결할 수 있다. 예컨대 전자제품을 판매하는데 TV 홈쇼핑과 전자제품 그리고 하이마트가 서로 저가격 경쟁을 한다면, 채널별 특성을 고려한 전용 제품을 출시해 이들의 갈등을 막을 수 있다. 그러나 규격차별화는 신중히 접근해야 할 사안이다. 제조업자로서는 규격이 단순할수록 생산 효율성이 높아지기 때문에 채널에서 소화할 수 있는 매출액과 생산성, 저조한 판매에 따른 재고문제를 사전에 꼼꼼이 검토해야 한다.

마지막으로 마케터에게 강조하고 싶은 것이 있다. 시장에 자주 나가라는 것이다. 채널은 고객과 자사 상품 교환이 발생하는 고객과의 최접점이다. 고객접점에서 고객행동을 관찰하는 것은 가슴 벅찬 일이다. 자신이 만든 브랜드를 고객이 구매하는 과정을 직접 확인할 수 있기 때문이다. 제삼자를 통해 시장정보를 전해듣기만 하지 말고, 자신이 직접 고객과 대화하면서 피부로 느끼는 것은 마케터에게 필수적인 과업이다. 고객과 바이어, 영업사원과 직접 대화하며 시장에서 일어나고 있는 일련의 현상을 피부로 느껴야 성공적인 유통전략에 근접할 수 있다.

CHAPTER 13

광고 전략이 있는가

TV 광고는 마케팅 판매촉진 활동에서 비용이 가장 드는 프로모션으로, 상품이나 서비스의 성패를 좌우하는 결정적인 마케팅 수단이다. 시장에서 상품이 히트하기 위해서는 STP 전략부터 4P 믹스전략에 이르기까지 모든 마케팅 요소가 통합적으로 관리돼야 하는데, TV 광고는 이러한 모든 마케팅 활동이 녹아든 결정체로서 아무리 강조해도 지나치지 않다. 국내에 진출한 다수 다국적 기업들의 TV 광고를 보면 매우 정교하고 메시지도 명확히 전달한다. 그들은 '문제 → 해결'이라는 컨셉을 차별적으로 전달하면서 포지셔닝에 성공하고 있다.

그에 반해 국내 TV 광고의 현실은 어떠한가? 명확한 커뮤니케이션 컨셉 하에 일관된 메시지를 전달함으로써 소기의 성과를 달성하는 기업도 있지만, 대부분의 국내 광고주들은 뭘 말하고 싶은지 알 수 없는 애매모호한 컨셉으로 수십억 원의 마케팅 비용을 공중에 흩뿌리고 있는 실정이다. 양적인 성장은 달성했을지 몰라도 질적인 부분은 여전히 열악한 상황이다. 구체적으로 문제점을 짚어보면 다음과 같다.

첫째, 남들이 하니까 나도 한다는 안일한 광고물이 범람하고 있다. 커뮤니케이션 목적이 없으니 15초 동안 '최고', '전통', '사랑', '좋다' 등 화려하고 일반적인 광고카피만 쏟아낼 뿐, 광고가 끝나도 소비자의 머릿속에 아무것도 새기지 못한다. 간혹 사장이 등장하는 광고들이 있는데, 15초 동안 제품의 장점을 나열하다가 결국은 무엇을 말했는지 아무것도 남지 않는 유형의 대표적인 광고물이다.

둘째, 한번 튀어보겠다고 작심한, 광고 자체를 위한 광고가 너무 많다. 크리에이티브에 매몰돼 '고객은 우리가 만든 크리에이티브를 이해할 거야'라고 제작자 관점에서 안이하게 생각한 결과다. 더러 사회적으로 이슈가 되고 각종 패러디물이나 유행어를 만들어내기도 하지만 정작 매출로는 연결되지 않는 최악의 광고물이다. 광고 자체는 성공했을지 몰라도 마케팅 목표달성에는 실패하기 때문이다. 광고의 예술성에만 집중한 광고대행사와 '광고는 대행사가 만든다'는 착각에 빠져 있는 마케터의 공동 산물이다.

셋째, 프로그램 차별화나 편성 효율성을 고려하지 않고 '프라임타임'에만 광고를 내보내는 등 기계적으로 광고비를 할당하는 경우가 많다. 'TV 광고는 대중마케팅 수단'이란 고정관념에 빠져 광고 효율성을 고려하지 않으면 타깃 시청자를 놓칠 위험이 크다. 이런 마케터들은 '월 10억 정도는 투입해야 성과가 나온다'는 관점으로 광고비를 할당하곤 하는데, 광고를 잘 만드는 것도 중요하지만 적재적시에 광고물을 최적의 금액으로 방영하는 것도 매우 중요하다는 사실을 잊어서는 안 된다.

넷째, 모델 전략은 TV 광고에서 매우 중요한데도 한두 명에 의해 독단적으로 결정되기 일쑤다. 또한 갑자기 모델 캐릭터가 바뀌어 광고의 일관성이 사라지기도 한다. 실제로 특정 드라마 주인공이 뜨면 상품 컨셉과 무관하게 너도 나도 광고모델로 채택하지 않는가. 나이 지긋한 대기업 회장이 TV를 보다 전통 사극의 청순가련형 여주인공이 마음에 든다며 자사의 광고모델로 '낙점'하는 경우도 있다. 애초 상품의 컨셉은 이국적이건만, 그런 것은 안중에도 없는 결정이다. 이에 비해 해외 다국적 기업들은 특별한 경우를 제외하고 빅모델을 활용해 TV 광고를 하지 않는다.

다섯째, 잘 만들어진 광고는 대부분 다수의 마케터들이 참여해 객관적인 평가를 통해 내놓은 결과물이다. 그러나 국내의 많은 그룹사들은 직접 출자한 광고대행사를 운영하고 있다. 광고대행사를 자회사로 두고 있으니 자연스레 광고물이 집중될 수밖에 없다. 이들 기업은 여러 대행사에 경쟁 프레젠테이션을 맡기기보다는 자회사가 제작한 여러 개의 스토리보드 중 하나를 선택해 광고를 제작하곤 한다. 이런 관행이 반복되면 대행사나 마케터나 타성에 젖을 수밖에 없고, 매체 크리에이티브를 기대하기 어렵다. '팔이 안으로 굽는' 우리나라 특유의 정서가 있긴 하지만, 그럼에도 과감히 다수 마케터와 다수 광고대행사가 참여하는 경쟁 프레젠테이션을 거쳐야 이런 문제가 해결된다. 의사결정자도 1표만 행사해야 함은 물론이다. 특정인에 의해 특정한 방법으로 광고대행사가 선정된다면 그만큼 크리에이티브는 떨어질 수밖에 없다.

여섯째, 마케팅 전략에 따라 1차 출시광고에 이어 2차, 3차 광고가 시리즈물로 방영되는 경우도 있다. 방영된 광고물이 지겨울 거라는 판단에서다. 그러나 소비자가 지겨워하는 것이 아니라 광고주가 지겨워하는 것은 아닌지 생각해볼 일이다. 촬영할 때마다 소요되는 모델비와 제작비는 고스란히 비용으로 남는다. 무엇보다 광고가 자꾸 바뀌면 커뮤니케이션 컨셉에 일관성이 사라질 위험이 있다. 외국 기업들은 한 번에 제대로 만들어서 3년 이상 방영하는 경우도 있다. 잘 만들어진 광고물은 돈으로 환산할 수 없는 막강한 광고자산이 된다. 광고자산에서 '광고의 일관성'을 잃지 않는 것은 대단히 중요하다. 분위기만 봐도 소비자가 '아, ○○ 광고구나' 하고 알아차릴 정도가 된다면 당신은 대단히 성공한 광고물을 운영하는 것이다.

광고는 대행사가 아니라 광고주가 만든다

광고를 했는데도 매출이 기대 이상 발생하지 않으면 광고주들은 흔히 광고대행사 탓을 한다. 반면 현명한 마케터는 광고효과 조사를 통해 문제 원인을 다각도로 분석하며 합리적인 해결책을 찾는다.

이러한 광고주의 사고 차이는 현업에서 매우 큰 의미를 지닌다. 해박하고 명석한 광고주 하에서는 상품 컨셉과 직결된 크리에이티브가 도출돼 성공적인 광고가 만들어지지만, 지식이 부족한 광고주 하에서는 모자란 광고가 제작되기 때문이다. 나를 둘러싼 세상 모든 일이 나에게서 비롯된 것처럼, 광고물의 성패는 전적으로 광고주의 책임이다. 광고는 광고대행사가 만드는 것이 아니라 마케터가 만든다는 점을 잊어서는 안 된다. 광고대행사는 마케터가 제시한 컨셉에 따라 광고물 제작을 대행하는 에이전시라는 사실을 명심하자.

명확하고 성공적인 광고를 제작하고 싶다면 마케터로서 다음과 같은 기본 소양을 갖춰야 할 것이다.

첫째, 대행사에 충분한 시간을 주어야 한다. 광고대행사는 항상 바쁘다. 특정 회사하고만 거래하는 것이 아니기 때문이다. 따라서 대행사가 충분한 시간을 갖고서 크리에이티브를 끌어낼 수 있는 시간을 주어야 한다. 시간이 부족해 쫓기듯 제작된 광고물들은 정교함도 떨어질 수밖에 없다. 2회 이상의 PPM(Pre-Production Meeting) 일정을 감안해 늦어도 방영시점 4개월 이전에 AD 브리프를 대행사에 통보해야 한다.

둘째, 풍부한 경험과 이론적 지식을 겸비해야 한다. TV 광고에 대한 기본적인 이해와 지식이 대행사 관계자들에 뒤져서는 안 된다. 평소에 광고 전문서적을 읽고 다른 광고들에 대한 간접 경험도 강화해야 한다. 미식가들은 음식이 왜 맛없는지 정확히 집어낼 수 있다. 마찬가지로 현명한 마케터는 광고에서 무엇이 문제인지 핵심을 지적할 수 있다. 반면 지식이 부족한 광고주들은 반찬투정만 할 줄 알지, 왜 맛이 없는지는 설명하지 못한 채 대행사 담당자의 감정만 자극한다. 광고대행사가 가장 싫어하는 광고주가 이런 유형이다.

셋째, 광고에 너무 많은 것을 요구하지 않아야 한다. 사공이 많으면 배가 산으로 간다. 이는 매우 중요한 사안이다. 15초 광고에서 구성요소가 많고 복잡할수록 해당 광고는 망가진다. 반면 커뮤니케이션 메시지가 명쾌하고 심플할수록 좋다. 가장 좋은 것은 물론 하나의 '빅 아이디어'로 승부하는 것이다.

넷째, 사전 광고제작회의가 끝났으니 80%는 완성했다고 생각한다면, 광고주로서 이미 80%는 실패한 것이나 마찬가지다. 광고는 제작현장에서 감독의 손길로 만들어진다. 광고주라면 광고촬영장에 무조건 참가해야 한다. 그곳에서 광고가 원안대로 만들어지는지, 브랜드 로열티를 강화하는 방향으로 촬영되는지를 세밀하게 점검해야 한다.

다섯째, 대행사 AE와 돈독한 관계를 유지하면서 열린 소통을 할 때 성공적인 광고물을 만들 수 있다. AE는 마케터와 광고대행사의 연결 포인트인 만큼 긴밀한 협력자로 남아야 한다. '쪼면 쫄수록(?)' 좋은 광고가 나온다는 사고방식으로는 대행사를 이끌 수 없다. 긍정적 사고로 AE 본연의 임무를 수행할 수 있도록 기반을 조성해주는 것이 좋다.

빅브랜드를 원한다면 TV 광고를 하라

성공적인 광고물을 제작하려면 체계적인 프로세스를 거쳐야 한다. 첫 단계는 TV 광고를 할 것이냐를 결정하는 것이다. 이는 생각보다 대단히 어려운 마케팅 의사결정이다. TV 광고는 리스크도 파급력도 크기 때문에 신제품을 출시할 때 기업으로서는 TV 광고 여부를 매우 신중하게 결정하게 마련이다. 이에 비해 국내에 진출한 다국적 기업들은 TV 광고 없이는 시장진입도 없다는 관점으로 TV 광고를 브랜드 성공과 직결시키는 편이다. 특히 소비재 시장에서는 TV 광고 없이 빅브랜드도 없다는 전략을 취한다.

그러나 경험으로 판단하건대 TV 광고 자체가 제품의 성공 여부를 결정하는 것은 아니다. 일반적으로 모델료를 제외한 TV 광고 제작비는 제작물의 성격에 따라 차이가 있지만 대략 수천만 원에서 수억 원에 달한다. 광고비용도 시급에 따라 차이가 있지만 공중파 TV에 하려면 수억 원의 비용이 소요된다. 모델료로 2억 원을 쓴다고 가정하면 하나의 광고를 5개월 운영할 경우 TV 광고에 소요되는 총비용은 수십억 원에 달한다.

이처럼 큰 비용이 드는데 과연 TV 광고가 필요할까? 최근에는 매체가 다양해지면서 그만큼 TV의 파급효과도 줄어든 것이 사실이다. 그럼에도 빅브랜드를 만들기 원한다면 TV 광고를 집행하는 것이 좋다고 말하고 싶다. 이때는 TV 광고에 소요되는 금액을 비용이 아니라 투자 개념으로 접근해야 한다.

STP 전략이 마케팅 전반의 설계도라면, AD 브리프는 성공적인 광고물을 만들기 위한 광고 설계도라 할 수 있다. 실제로 마케팅 중심의 기업들은 AD 브리프를 의무적으로 사용하고 있다. 커뮤니케이션 컨셉을 담고 있는 AD 브리프는 그 어떤 양식보다도 철저하게 작성돼야 한다. 일단 브랜드 철학이 배어 있어야 하고, 상품이나 서비스의 컨셉을 커뮤니케이션 컨셉으로 정확히 전환해야 한다. 해당 시장의 특성과 경쟁 현황 그리고 상품에 대한 풍부한 내용으로 작성된 AD 브리프는 광고대행사 AD가 광고를 기획할 때 모델, 카피, 촬영지, 제작비 등을 설정하는 기준이 된다. 나아가 AD 브리프는 TV 광고 제작뿐 아니라 인쇄물, 이벤트 기획물에 이르기까지 폭넓게 활용된다. 여기에 제작비와 매체비에 대해 대행사와 충분히 협의한 후 2차 광고물까지 고려한 장기적인 관점에서 기획해야 실제 제작을 진행할 때 불필요한 오해와 마찰을 피할 수 있다.

AD 브리프가 완성되면 복수의 광고대행사에 AD 브리프를 통보한 후 공개 PT를 거쳐 광고대행사를 선정한다. 이때 마케터는 객관적인 평가표를 기준으로 최고점을 획득한 광고대행사를 선정해야 하는데, 아직까지도 많은 광고주들이 경쟁 PT 대신 특수관계에 있는 광고대행사에 광고물을 전담케 하고 있다. 그러나 상식적으로 생각해도 하나의 대행사에서 제시한 여러 개의 시안보다는 다수의 대행사에서 제시한 여러 개의 시안에서 더 좋은 결과물이 나오지 않겠는가. 물론 공개 PT를 진행하면 과정이 다소 복잡해지고 정보가 유출될 위험이 있다. 그렇더라도 좀 더 나은 광고를 제작하기 위해서는 경쟁 PT를 적극 도입해야 한다.

광고제작에 관한 세부사항이 정리되면 사전제작회의를 연다. 사전제작회의란 최종적으로 기획된 광고제작물을 마케팅 최고의사결정권자에게 프로덕션 감독이 직접 프레젠테이션하는 것을 말한다. TV 광고 제작에서 광고대행사와 광고주 모두가 가장 긴장하는 회의는 사전제작회의다. 그때까지 광고제작에 직접 참여하지 않았던 마케팅 임원이나 CEO가 직접 개입해 광고물을 평가하고 확정하기 때문이다. 경영진의 말 한마디로 프로세스를 처음부터 다시 시작해야 하는 상황이 발생할 수 있는 만큼, 대행사와 마케터는 제작회의 준비에 만전을 기해야 한다.

이 자리에는 광고주 의사결정자뿐 아니라 대행사 중역과 광고기획팀, 제작팀, CF감독, 조감독 등이 모두 참석해 촬영방법과 촬영장소, 성우, 모델의상 등의 광고요소를 구체적으로 점검해 최종 확정한다. 일반적으로 사전제작회의의 프레젠테이션은 CF감독이 하고, 마케팅 임원은 광고물이 AD 브리프에서 제시한 커뮤니케이션 컨셉과 일치하는지를 평가한다. 또한 모델의상이나 세트 구성, 촬영장소, 촬영일정 등에 대한 상세한 협의가 이루어지는데 회의가 성공적으로 끝났을 경우 순조롭게 광고촬영일정에 돌입할 수 있지만, 만일 커뮤니케이션 컨셉이 애매모호하거나 모델 선정이 잘못되는 일이 발생한다면 최악의 경우 원점에서 다시 시작해야 한다.

IMC 전략 하에 진행하라

TV 광고가 전파를 탈 때 마케터의 관심사는 단 하나다. 해당 상품의 '매출'이 발생하느냐 여부다. 반면 광고물을 제작한 프로덕션 CF감독이나 AE의 관심사는 이와 조금 다르다. 해당 광고물이 광고시장에서 얼마나 '뜨느냐'다. 해당 광고물이 뜨면 대행사 지명도와 대행사의 AE, 프로덕션, CF감독의 가치가 함께 올라가기 때문이다. 여기에 해당 상품이 업계에서 '히트상품'이 되면 그 효과는 배가된다. 특히 대행사 AE들은 해당 광고가 매체 비용을 얼마나 투하하느냐에 관심이 많은데, 그것은 AE 평가가 광고주의 TV 광고 제작횟수와 방영금액에 따른 수수료로 이루어지기 때문이다.

광고물이 실패하더라도 제작사와 CF감독은 직접적인 책임을 면할 수 있지만 마케터에게는 치명적이다. 또한 광고물은 히트해서 각종 패러디물이나 유행어를 만들어내는데 정작 상품 매출은 발생하지 않는 광고물은 최악 중 최악이다.

기업 CI 광고처럼 이미지를 높이기 위한 광고물을 매출과 직접 연관 짓는 것은 한계가 있지만, 기업의 브랜드 로열티를 강화하기 위한 광고물에서도 '사고 싶다', '가입하고 싶다'는 욕구를 강하게 유발할 수 있어야 한다. 다시 말해 이미지 광고물 또한 광고의 기본적 역할이나 목적은 다르지 않기 때문에 명확한 커뮤니케이션 컨셉 하에 만들어져야 한다. 오히려 이러한 광고물일수록 더욱 철저한 관점에서 제작되고 광고효과 조사를 통해 추적 관리해야 한다.

성공적인 TV 광고를 제작하기 위해서는 먼저 광고의 구성요소에 대해 이해해야 한다. TV 광고는 커뮤니케이션 컨셉 전략 하에 모델과 카피, 음향효과, 컴퓨터그래픽, 배경, 징글 등으로 구성되며, 이들 요소가 결합돼 영상화면으로 시청자(소비자)에게 전달된다. 광고 컨셉에 따라 어느 한 요소가 특별히 부각될 수는 있지만, 기본적으로 이 모든 요소들은 반드시 IMC 커뮤니케이션 전략에 입각해 제작돼야 한다. 특히 마케터와 CF감독, 크리에이터, 대행사 AE의 역할은 매우 중요하며, 이들의 역량에 따라 광고물의 성패가 좌우된다.

커뮤니케이션 컨셉은 AD 브리프에서 마케터가 처음으로 설정한 후 광고기획을 통해 구체화된다. 커뮤니케이션 컨셉은 광고의 성격을 종합적으로 나타내는 가장 중요한 요소로 가족의 '가풍(家風)'에 비유될 수 있다. 집마다 가족의 성격과 인성, 캐릭터에 나름의 특색이 있는 것과 마찬가지로 광고물에서도 커뮤니케이션 컨셉에 따라 해당 광고물의 성격이 결정된다. 커뮤니케이션 컨셉은 광고물이 전파를 타는 동안 처음부터 끝까지 표출되어야 한다. 나아가 혈통이 불변하는 것처럼 1, 2, 3차 광고에서도 일관성을 유지해야 한다.

인쇄매체 광고로 시너지를 극대화하라

인쇄매체 광고는 PR 전략과 연계해 진행할 때 특히 효과적이다. 가장 대표적인 것이 일간지 광고다. 국내 소비자 단체가 조사한 자료에 의하면 국내 일간지의 광고비율은 약 52%라고 한다. 기사보다 광고가 더 많을 만큼 광고매체로서 각광받고 있다는 뜻이다. 사정이 이렇다 보니 기사를 싣기 위해 신문을 만드는 게 아니라 광고를 싣기 위해 신문을 만드는 것 아니냐는 조소가 나오기도 한다.

마케터가 인쇄광고를 집행하는 목적은 크게 3가지다.

첫째, 대개 다른 광고와 연계해 시너지 효과를 극대화하기 위함이다. 인쇄매체 광고는 TV 광고에서 구체적으로 전달하지 못했던 상품이나 서비스에 대한 상세한 정보를 제공함으로써 IMC 마케팅에 기여한다. 그래서 공격적으로 TV 광고를 집행하는 기업들은 으레 잡지나 신문에도 좀 더 많은 정보를 담은 광고를 싣곤 한다. 이때 TV 광고와 동일한 커뮤니케이션 컨셉을 유지하도록 유의해야 한다. 컨셉의 일관성은 비단 인쇄광고물에 국한되지 않는다. 옥외광고나 온라인 등 모든 광고물에서 IMC 전략 하에 통합적으로 관리돼야 한다.

둘째, 각종 이벤트나 프로모션을 소비자에게 고지해 참여율을 높이고자 할 때에도 인쇄광고가 효과적이다. 현업에서 경품 이벤트나 소비자 사은행사를 진행할 때 대략 예산의 50~70% 정도는 프로모션을 고지하는 광고비로 소요되는데, 주로 인터넷과 인쇄매체 광고에 쓰인다. 예컨대 10억 원이 소요되는 프로모션을 진행한다면 5억~7억 원은 이벤트를 알리기 위한 고지광고비에 소요되고 나머지는 프로모션 경품이나 배송비 등에 쓰이는 셈이다.

셋째, 순수한 목적으로 잡지나 신문에 해당 상품이나 브랜드 광고를 집행하는 경우다. 단적으로 말해, TV 광고를 할 예산이 없으니 인쇄매체를 찾는 것이다. 그렇더라도 마케터는 어쩔 수 없이 인쇄광고로 대체한다는 안일한 생각을 버려야 한다. 인쇄매체 광고는 TV 광고보다 비용이 덜 드는 만큼 효과도 약하다는 단점이 있다. 따라서 인쇄매체 광고를 집행할 때는 신문이나 잡지별 고객특성을 정확히 이해하고 이에 상응하는 매체를 선택해야 한다.

인쇄매체의 특성을 효과적으로 활용함으로써 업계에서 단기간에 브랜드 인지율을 높이고 성공적으로 시장에 안착한 예로 디아이디벽지를 들 수 있다. 고급 벽지를 제조하는 디아이디벽지는 '벽지=종이=잡지광고'라는 등식을 활용해 잡지에 특이한 형태의 광고를 지속적으로 집행했다. 그들의 벽지를 가공 없이 그대로 재단해 잡지에 함께 제본한 것이다. 독자가 잡지를 펼치면 일반 지면보다 월등히 두꺼운 벽지 광고면이 단번에 펼쳐지니, 주목도 면에서 단연 으뜸이다. 이 아이디어만으로도 큰 화제가 되었지만, 그들은 한발 더 나아갔다. 잡지 지면보다 더 넓게 광고면을 제작한 다음 잡지 사이즈에 맞게 접어넣은 것이다. 안 그래도 두꺼운 벽지가 두 겹으로 접혔으니 주목도가 더욱 높아진 것은 당연지사. 이들은 정체된 잡지광고에 고객과 커뮤니케이션할 수 있는 살아 있는 매개체를 집어넣어 브랜드에 대한 호감도를 향상시켰다. 다른 지면보다 광고비용이 다소 비싸기는 하지만 효과 면에서 상쇄되고도 남았다. 같은 인쇄매체 광고라도 매체 특성을 십분 활용한 차별화된 아이디어를 접목함으로써 디아이디는 벽지 분야에서 각종 상을 독차지하며 작지만 강한 기업으로 포지셔닝할 수 있었다. 디아이디는 실제 수년 동안 계속된 '포인트 벽지'의 열풍을 주도했으며, '소호 머스터드'라는 제품은 '국민벽지'라는 호칭을 얻을 만큼 폭발적인 인기를 끌었다. 그 후 다른 벽지회사들도 유사한 광고를 했지만 이미 디아이디가 선점한 영역이기에 그리 신선해 보이지 않았다.

인쇄광고의 단점 중 하나는 다른 기업 광고와 차별화하기 어렵다는 것인데, 디아이디는 이러한 통념을 불식시키는 계기를 마련했다. 이처럼 반드시 TV 광고가 아니어도 매체에 맞는 차별화 및 집중화로 성공적인 커뮤니케이션을 할 수 있다. 물론 이처럼 획기적인 아이디어를 실행하려면 신제품 개발에서 광고에 이르기까지 마케팅 전반에 걸쳐 기획돼야 할 것이다.

인쇄광고를 집행할 때는 광고의 목적과 방향을 확정한 다음 광고대행사에 통보해야 한다. 다른 광고에서와 마찬가지로 인쇄광고를 집행할 때에도 먼저 AD 브리프를 작성해 커뮤니케이션 컨셉을 문서로 정리해야 한다. 인쇄매체를 선정할 때는 해당 매체가 상품 컨셉과 일치하는지, 그리고 비용 대비 열독률이 얼마나 되는지를 먼저 고려한다. 열독률이란 정기구독 여부와 관계없이 일정 기간 동안 해당 신문이나 잡지를 읽은 사람들을 백분율로 나타낸 것으로, 신문의 구독률과 함께 매체전파력을 평가하는 중요한 지표다.

소비자들은 광고주나 광고기획자가 의도하는 것처럼 합리적이거나 논리적으로 광고물을 수용하지 않는다. 광고지면은 무조건 넘겨버리는 독자들도 많다. 이 때문에 인쇄광고에서는 헤드라인 카피가 매우 중요하다. 지나치려는 독자의 시선을 붙잡으려면 헤드카피가 설득력 있고 매력적이어야 한다. 부정적인 문안을 사용하는 것은 특수한 경우를 제외하고는 금물이다.

국내 잡지광고 시장도 경쟁이 매우 치열하다. 일반적으로 잡지광고가 지닌 가장 큰 이점은 잡지를 보는 고객층이 명확하다는 점으로, 이는 그만큼 타깃의 범위가 좁다는 것을 의미한다. 잡지는 성별에 따라 크게 남성지와 여성지로 구분하고, 남성지는 시사지와 취미잡지(낚시, 자동차, 골프 등), 전문지 등으로 구분된다. 여성지의 경우 기혼여성 대상과 미혼여성 대상으로 나눌 수 있다. 여기에 발행주기에 따라 일간지, 주간지, 월간지, 계간지로 세분화된다. 잡지광고비는 신문광고보다는 비용산정이 쉽고 경기와 광고물량에 따라 가변적인 경우가 많다.

인쇄광고를 집행하고자 할 때 '광고를 한다, 하지 않는다'보다 중요한 것은 광고를 어떻게 하느냐다. 그럼에도 현업에서는 TV 예산이 확보되지 않았으니 인쇄매체 광고라도 하자는 안일한 생각으로 접근하는 경우가 많다. TV 광고 없이 인쇄광고만 할 때에는 더욱 신중한 접근이 요구된다. 무엇보다 반드시 일정 기간 동안 꾸준히 집행할 수 있는 마케팅 예산을 사전에 확보하라고 당부하고 싶다. 월 1~2회 단발성으로 하는 광고는 효과가 미미하기 때문이다.

좋은 광고에는 몇 가지 원칙이 있다. 첫째, 하나의 빅 아이디어에 집중하는 것이다. 하나의 광고에 너무 많은 소구점을 담으려 하는 것은 광고를 망가뜨리는 지름길이다. 브랜드나 제품이 가진 핵심적인 편익이나 컨셉을 하나의 빅 아이디어로 구체화하라. 하나라도 제대로 기억시키자는 것이다.

둘째, 경쟁사와 차별화된 소구점이 있어야 한다. 경쟁사와 비슷하게 제작된 광고물로는 소비자를 설득할 수 없다. 고객의 호응과 만족을 이끌어내기 위한 포인트가 광고에 녹아 있어야 한다. 경쟁사보다 뛰어난 핵심혜택을 키 메시지로 표출해야 한다.

셋째, 소비자의 언어를 써야 한다. 전문적이고 추상적인 단어를 남발하는 것은 곤란하다. 소비자에게 친숙한 단어와 언어, 목소리를 통해 설득력 있게 소구하라. 나아가 제품 선택 시 자신감을 갖도록 강력한 느낌을 넣어 광고를 제작하는 것이 좋다. 결국 소비자들에게 쉬운 광고가 좋은 광고다.

넷째, 신뢰성은 기본이다. 과장된 광고로 소비자를 오도하는 것은 금물이다. 믿음이 가지 않는 광고를 보고 누가 제품을 구매하겠는가? 광고가 솔직하고 믿을 만하지 않으면 하루에도 무수한 광고에 노출되는 소비자들은 외면할 수밖에 없다. 설령 유머스럽고 과장된 것이라 해도 브랜드의 핵심적인 편익에 대해서는 변치 않는 신뢰성이 느껴져야 한다.

다섯째, 광고는 간단명료할수록 좋다. 혼잡하거나 애매모호하게 표현하지 말라. 광고의 속성을 모르는 광고주들은 제품이나 서비스의 다양한 혜택을 전달하기 위해 주저리주저리 카피를 나열하는 경향이 있다. 전형적으로 광고주 입장에서 제작된 광고물이다. 소비자들은 이를 읽을 시간도 없을 뿐 아니라 수용할 마음도 없다. 광고는 명쾌한 아이디어를 단순하게 표현할수록 효과적이다.

모델만 띄우는 광고는 최악이다

TV 광고에서 모델이 차지하는 비중은 매우 크다. 모델의 말 한마디, 표정 하나, 움직임 하나가 광고에 대한 소비자 반응을 이끌어낸다. 그러나 엄밀히 말해 광고에서 모델의 역할은 커뮤니케이션 컨셉을 정확하게 시청자에게 전달하는 것으로 국한된다. 15초 광고에서 모델의 본원적 역할은 그 이상도 그 이하도 아니다. 그러나 대부분의 국내 TV 광고를 보면 소비자에게 커뮤니케이션 컨셉을 전달하는 메신저로 모델을 활용하기보다는, 상품을 위한 광고인지 모델을 위한 광고인지 알 수 없을 만큼 비중 있게 활용하고 있다.

모델 전략을 운용할 때는 첫째, 모델의, 모델을 위한, 모델에 의한 광고물을 제작해서는 안 된다. 이러한 광고물의 공통점은 대부분 고가격 빅모델이 등장한다는 것이다. 광고주로서는 빅모델을 기용했으니 그를 광고물에 가급적 많이 노출시켜 본전을 뽑으려는 경향이 있다. 물론 커뮤니케이션 컨셉과 빅모델이 환상적인 조화를 이룬다면 전혀 문제 될 게 없지만, 그렇지 않다면 광고가 나간 후 소비자들의 머릿속에는 브랜드보다 모델이 더 강하게 남을 가능성이 크다.

둘째, 커뮤니케이션 컨셉과 상반된 모델의 활용 문제다. 당신에게 모델을 선택하라고 한다면 무엇을 가장 먼저 감안하겠는가? 모델의 이미지인가? 비용인가? 참고로 우리나라 광고주들은 모델을 선택할 때 가장 먼저 '그 모델이 얼마나 비싼지'를 고려한다. 그들의 머릿속에 모델이 상품 컨셉이나 서비스 브랜드 이미지와 얼마나 일치하느냐는 그다음 문제인 듯하다. 그러나 모델을 선정할 때는 철저히 '컨셉 일치성'을 최우선으로 고려해야 한다. 모델료는 그다음 문제다. 반드시 IMC 마케팅 전략에 입각해 브랜드 컨셉과 모델 컨셉이 일치하는지를 점검해야 한다.

셋째, 타사가 이미 선택했던 모델 활용은 신중을 기해야 한다. 만일 이런 모델을 광고주에게 추천하는 대행사가 있다면, 그들과 일하는 것도 재고해볼 문제다. 특히 직접적으로 경쟁관계에 있는 회사에서 장기간 활동해온 모델은 반드시 배제해야 한다. 물론 자사의 브랜드 컨셉이 모델과 조화를 이룬다면 과감히 선택할 수도 있겠지만, 소비자는 우리가 생각하는 것보다 훨씬 단순하게 광고 메시지를 수용한다는 사실을 염두에 두어야 한다. 다른 브랜드에 이미 강하게 포지셔닝돼 있는 모델이라면 새로운 광고에 투입해도 이전의 광고 이미지가 투영될 가능성이 높다. 과거 CF 여왕으로 불리던 모 여배우가 광고하던 제품을 엮은 '○○○의 하루'라는 글이 화제가 된 적이 있다. 막강한 모델 파워를 시사하는 사례이지만 모델의 광고효과에는 의문을 가질 수밖에 없다. 차라리 리스크를 감수하면서 어느 정도 인지도가 있고 미래에 떠오를 가능성이 있는 신인을 발굴하는 게 낫다. 이때는 해당 모델과 일정 기간 독점계약을 체결하는 것이 유리하다.

넷째, 루머가 많고 구설수에 오르내리는 모델은 금물이다. 굳이 활용하고 싶다면 모델 계약서에 '손해배상 책임' 부분을 반드시 명시하는 것이 좋다. 어떠한 돌발상황이 발생할지 모르므로 모델계약서는 만일의 경우를 대비해 철저하게 작성해야 한다. 아울러 모델 계약기간 문제는 가능한 한 장기적인 관점에서 접근해야 한다.

다섯째, 유명모델 활용이 광고의 성공확률을 반드시 높여주는 것은 아니다. 대체로 회사의 빅브랜드는 빅모델 전략을 고수하는 경향이 있다. 물론 빅모델은 광고주목도와 브랜드 이미지 향상에 긍정적 영향을 미치지만, 이러한 이유 때문에 무조건 빅모델을 기용하는 것은 지나치게 안이한 판단이다. 성공적인 광고는 명확한 커뮤니케이션 컨셉과 대행사의 크리에이티브로 결정되는 것이다. 물론 빅모델에 의한 커뮤니케이션 명확화가 전략이라면 나쁘지 않다. 아울러 한 명의 모델을 여러 브랜드에 확장해 기용할 경우에는 신중을 기해야 한다.

모델 선정은 단순히 인기인들 중 어느 한 명을 선택하는 차원의 문제가 아니다. 모델은 TV 광고뿐 아니라 포스터나 이벤트 심지어 상품의 포장에도 활용된다. 모델의 캐릭터 자체가 상품이나 서비스의 브랜드 이미지에 직결된다는 점을 명심해야 한다. 실제로 평소 싫어하는 사람이 모델로 등장하면 소비자들은 해당 상품에 대해서도 부정적인 이미지를 갖게 된다는 연구결과가 있다. 그래서 모델의 현재 이미지뿐 아니라 인간적 매력, 미래의 발전 가능성까지 다각도로 검토해 기용해야 한다. 모델을 변경할 때에도 브랜드 컨셉과 고객 선호도, 그리고 브랜드 컨셉과 연관돼 기존 모델이 가지고 있던 이미지를 고려해야 한다. 잘못된 모델로 광고를 제작해 방영한 다음에 잘못을 알았을 때는 이미 주워 담을 수 없다. 말 그대로 '소 잃고 외양간 고치는' 격이다. 또한 모델이 음주운전을 하는 등의 돌발적인 사고가 발생했을 때 해당 브랜드가 입는 피해는 산술적으로 계산할 수 없을 만큼 크다.

국내 모델료가 상당히 거품이 있다는 게 일반적인 견해다. 한류열풍을 타고 중국이나 일본 등에 진출한 연예인들의 몸값이 천정부지로 치솟으면서 국내에서의 모델료도 동반상승한 것이 사실이다. 이러한 문제는 몇몇 광고주만의 노력으로는 개선하기 어렵다. 앞에서 언급한 '커뮤니케이션 컨셉과의 일치성'을 가장 중요한 모델선정 기준으로 두고 '비싼 모델을 쓰면 효과도 좋을 것'이라는 환상에서 벗어나야 한다. 선진 다국적 기업들이 빅모델을 쓰지 않는 이유에 대해 깊이 생각해보라. 굳이 빅모델에 기대지 않고도 커뮤니케이션 전략을 훌륭하게 구사하는 좋은 광고들이 많지 않은가. 아예 모델을 쓰지 않는 광고물부터 캐릭터 애니메이션 광고물 그리고 평범한 일반인을 활용한 테스티모니얼 광고(testimonial advertisement)가 좋은 예다.

국내 TV 광고는 모델을 잘 활용하는 것보다 광고 자체의 품질을 높이는 것이 훨씬 시급하다. 이 문제를 해결하기 위해서는 마케터, AE, CF 감독 간에 충분한 토의로 사전 의견일치를 보아야 한다. 특히 마케터와 AE는 해당상품의 기획 초기단계부터 함께 고민하는 것이 좋다.

CHAPTER 14

홍보 역량이 있는가

마케팅에서 CEO들에게 가장 민감한 현안이 있다면, 아마 신문 등 언론 매체에 보도되는 회사 관련 기사일 것이다. 대외적으로 자사의 이미지와 직결되기 때문이다. 긍정적인 내용이야 문제될 게 없지만 부정적인 기사가 보도되면 회사는 비상에 걸린다. 그래서 대부분의 기업에서는 언론과 유대관계를 강화할 목적으로 홍보실을 운영하고 있다. 자사에 유리한 기사는 홍보를 강화하고 부정적인 기사는 사전에 차단하려는 의도에서다.

마케팅 프로모션 전략에서 가장 중요한 의사결정 변수는 '비용 대비 프로모션 효과'다. 해당 프로모션에 소요되는 비용이 얼마이고 기대되는 효과(매출, 브랜드 인지도 등)가 얼마인지에 따라 프로모션 실행 여부가 결정된다. 일반적으로 프로모션 활동을 많이 하면 할수록 비용도 증가하지만, 예외적으로 비용과 관계없이 많이 실행할수록 좋은 프로모션 수단이 바로 PR(public relations)이다. 현업에서 PR의 핵심역할은 흔히 '피(P)할 것은 피하고 알(R)릴 것은 알린다'는 말로 익살스럽게 통용되고 있는데, 실상 PR은 광고를 대체할 수 있는 막강한 수단으로까지 거론되고 있다.

광고의 시대?
PR의 시대!

현재 국내에는 PR만을 전문으로 대행하는 업체만 수십여 개에 달하고 대부분의 대기업 및 중견기업은 사내에 PR을 전담하는 홍보팀을 운영하고 있다. 이는 PR 환경이 그만큼 치열하고 어렵다는 사실을 방증하는 것이기도 하다. 그렇다면 PR이 무엇이기에 많은 기업에서 힘을 쏟고 있는 것일까? 또한 PR을 통해 실질적으로 얻을 수 있는 성과는 무엇일까?

PR의 사전적 정의를 보면 '공공성에 기초해 기업이나 조직체의 경영이념, 기업 활동, 브랜드 고지 등에 관해 공중과의 쌍방커뮤니케이션을 통해 공중의 이해와 친선을 도모하는 설득 커뮤니케이션 행위'라 명시돼 있다. 즉 PR은 공중과의 관계를 좋게 하기 위한 행위 혹은 기능이다. 사회적으로 영향력이 큰 오피니언 리더(opinion leader)를 대상으로 영향력을 행사함으로써 PR 효과를 극대화할 수 있다.

PR의 중요성과 우수성은 광고와의 절대비교를 통해 명쾌하게 설명된다. 전통적인 마케팅 개념에서 광고와 PR의 가장 큰 차이점은 '광고는 비용이 발생하는 반면 PR은 비용이 발생하지 않는다'라고 알려져 있다. 물론 실제로 PR을 하다 보면 전문 PR 대행사를 고용하는 등의 부대비용이 발생하게 마련이지만 광고비와 비교하면 미미한 수준이다. 그에 반해 기사화되었을 때의 효과는 광고 이상이라는 점이 PR의 최대 매력이 아닐 수 없다.

아울러 매스미디어 시대를 사는 오늘날, 우리는 자신도 모르는 사이에 TV, 라디오, 신문 등에 노출돼 있다. 이들 매체 운영비는 대부분 광고비로 충당되기에, 우리는 싫든 좋든 하루에도 수백 수천 건의 광고를 접하게 된다. 그러다 보니 사람들은 너도 나도 '우리가 가장 좋다'고 일방적으로 외치는 광고에 피로감을 느끼며 부정적인 선입견을 갖고 있다. 이에 반해 PR 기사에 대해서는 신문사나 방송에서 보도하는 객관적인 사실로 받아들이려는 경향이 있다. 이처럼 광고와 비교해 신뢰성이 매우 높다는 것이 PR의 두 번째 매력이다. 더욱이 광고가 비용을 직접 지불하고 신문이나 언론매체 지면을 사는 데 비해 PR은 별도 비용 지불 없이 언론사에서 객관성을 검증하고 스스로 기사화한다.

이러한 이유로 능력 있는 홍보분야 인재들에 대한 수요는 여전히 높은 편이다. 한쪽에서는 '이제 광고 잔치는 끝났다. 지금은 포스트광고 시대다. 그 대안이 PR이다'라는 인식이 확산되기도 한다. 실전에서는 여전히 주요 매체 중심의 광고가 운영되고 있지만, 이는 마케터가 홍보의 중요성을 몰라서가 아니라 아직은 PR보다 광고가 훨씬 수월하기 때문이다.

그러나 마케터들도 점차 광고보다 PR이 더욱 효율적인 수단이라는 점을 인식하고 무게중심을 옮겨가는 추세다. 전문 PR 대행사들 또한 언론사와 형성된 별도 인맥을 통해 광고 이상의 PR 성과를 올리고 있다. 이들은 구축된 맨파워와 PR 성과에 따라 차등화된 수수료를 받는데, 업체 수준에 따라 보통 1개월 기준으로 수백만 원에서 수천만 원까지 형성돼 있다. 그러나 주력 브랜드에 1년 PR 대행료로 1억 원을 책정했다 해도 A급 모델료에도 미치지 않는 비용이니 회사로서는 지불할 가치가 충분하다.

그러나 PR 대행사를 고용할 때는 특별히 유의할 점이 있다. 사내에 별도 홍보팀이 조직돼 있는 경우 마케터는 사내 홍보팀과 PR 대행사 사이에서 사안에 따라 중재자 역할을 충실히 수행해야 한다. 그렇지 못할 경우 PR 대행사와 자사 홍보팀 사이에 업무 중복이나 충돌로 혼선이 빚어질 수 있기 때문이다. 나아가 사내 홍보팀과 PR 대행사의 업무영역을 사전에 명확히 구분하거나 시너지를 창출할 수 있는 방향으로 마케터가 주도해 재설정해야 한다.

이와 별도로 PR 대행사와 계약서를 작성할 때는 만일에 대비해 'PR 대행사가 목표한 성과에 도달하지 못할 경우 협의 후 계약을 파기할 수 있다'는 항목을 명시하는 것이 좋다. PR은 업무 특성상 목표를 100% 달성하기가 매우 어렵다. 마케터가 제시한 PR의 한계목표에 미달할 경우 대행사를 교체하거나 수수료를 조정할 수 있는 조항을 계약서에 명시함으로써 마케터와 PR 대행사 간 발생할 수 있는 분쟁을 사전에 방지하기 위함이다.

PR의 중요성에도 불구하고 국내 기업들의 PR 활동은 아직 체계적이지 못한 실정이다.

21세기 서막에 대한민국에서 가장 화제가 되었던 광고는 어느 여성 포털 사이트 광고였다. '선영아 사랑해'라는 여섯 글자 외에는 아무것도 쓰지 않은 현수막을 도심 곳곳에 걸어 사람들의 궁금증을 자아냈다. 이 광고물이 성공할 수 있었던 것은 매체 위주의 광고집행 방식에서 벗어나 게릴라식 티저 캠페인이라는 전혀 새로운 방법을 시도했기 때문이다. 마침 선거기간과 맞아떨어진 이들의 MPR 전략은 연일 매스컴에 보도되며 화제를 모았다. 이런 방식을 해외에서 가장 효과적으로 활용하고 있는 곳은 베네통으로, 이들은 키스하는 신부와 수녀나 수갑을 찬 흑인과 백인 등과 같이 도발적인 장면을 그대로 광고로 활용하고 있다. 제품 대신 '사회적 이슈'를 팔자는 의도로 광고는 간략하게 집행하고, 나머지는 매스컴에 맡긴다는 전략이다.

일반적으로 PR의 성과는 경쟁사와 비교해 언론에 보도된 기사 크기와 노출 횟수로 측정된다. 그 밖에 자사에 대한 부정적인 보도내용을 사전에 차단하는 '위기관리 능력'도 PR의 핵심업무라 하겠지만, 부정적인 내용을 사전에 차단하는 것은 홍보실 본연의 업무이니 여기서는 논외로 하고 기업 브랜드 및 전사적 관점에서 효과적으로 PR을 수행하기 위한 구체적인 방안에 대해 알아보자.

홍보실은 항상 기자들을 사로잡을 수 있는 '임팩트 있는 기삿거리'에 목말라 있고, 마케터는 '어떻게 하면 브랜드 및 서비스를 고객에게 알

릴지'를 고민한다. 요컨대 양측의 고민은 다르지 않다는 것. 따라서 이들이 공동의 목적을 달성하기 위해 협업한다면 PR 효과를 극대화할 수 있을 것이며, 마케팅 지향적인 기업에서는 이미 이렇게 일하고 있다. 그러나 여전히 일부 기업에서는 마케팅과 홍보실이 지나치게 이원화돼 있는데, 이를 극복하려면 홍보실과 마케팅 부서가 정기적으로 회의를 진행하면서 PR 활동을 진단해야 한다. PR 회의를 정례화할 경우 전사적인 관점에서 체계적으로 PR을 진행할 수 있을 뿐 아니라 마케터에게 PR 지향적인 마인드를 배양시킬 수 있다. 또한 홍보실과 마케팅 부서 간 유기적인 관계가 설정되고 창구도 일원화돼 조직 시너지를 발휘하기 한결 쉬워진다.

PR을 고려할 때는 내부경쟁도 염두에 두어야 한다. 홍보실은 전사적인 관점에서 중요하다고 판단되는 한 가지 이슈를 중점적으로 알리려 하는데, 마케터들은 저마다 자신이 맡은 브랜드를 띄우려 하기 때문이다. 본인이 생각하기에 아무리 뛰어난 기사 컨셉일지라도 홍보실을 설득하지 못하면 회사 외부로 나가지 못한다. 마케터의 자질로 리더십이 요구되는 대목이다. 더불어 홍보 담당자와 긴밀한 인간관계를 형성한다면 다른 마케터의 홍보안건보다 경쟁우위를 지닐 수 있다. 인간적 끈끈함을 이용한다고 부정적으로만 볼 것이 아니다. 내부의 동료를 리드하지 못하는 사람이 어떻게 경쟁사와 고객을 리드할 수 있겠는가? 실무에서 '홍보 담당자와의 유대관계'는 매우 중요한 사안임을 명심해야 한다.

기자 입장에서 생각하라

현재 국내에는 수천 개의 기업이 있고, 업계를 불문하고 이 모든 기업이 차별화된 아이디어로 PR 기사를 확보하기 위해 노력한다. 하루에도 수많은 사건사고가 넘쳐나는 가운데 자사 기사를 매체에 기사화한다는 것은 여간 어려운 일이 아니다. 실무에서 효과적인 PR 업무를 수행하는 데 도움이 될 만한 몇 가지 원칙을 살펴보면 다음과 같다.

첫째, 항상 기자의 입장에서 생각하라. '고객 입장에서 생각하라'는 개념이 마케팅의 출발인 것처럼, 마케터가 PR 컨셉을 정하고 기사를 작성할 때는 항상 기자의 입장에서 생각하고 객관적으로 작성하는 태도가 가장 중요하다. 언론매체의 생명은 사실에 대한 객관적인 관점이다. 광고주 입장에서 자신의 제품이나 서비스를 광고하는 기사를 작성했다가는 기자의 휴지통으로 직행할 확률이 높다.

둘째, 필요한 정보는 최대한 풍부하게 담아서 전달하라. 예를 들어 '떠오르는 캐릭터 마케팅'이란 컨셉으로 기획기사를 작성하고자 한다면 자사 캐릭터 상품에 대한 소개에 국한하지 말고 캐릭터 마케팅의 어원에서부터 외국 사례, 국내 실태, 업계 동향 등에 대해 폭넓게 작성하면서 해당 사진을 첨부하면 효과가 크다. 기자는 바쁘다. 일일이 업계에 전화해 캐릭터 마케팅을 별도로 조사 설계하는 데 할애할 시간이 없다.

셋째, 잘 만들어진 한 장의 사진기사는 100장의 기사보다 효과적이다. 디지털 매체까지 가세하면서 독자들은 하루에도 무수한 매체를 접하고 있다. 그래서 대개는 보도된 기사 전체를 읽는 대신 제목만 대충 읽고 만다. 반면 사진기사는 속성상 매우 주목도가 높다. 미국 백악관에서 신문기사를 점검할 때 헤드라인 사진기사를 맨 먼저 스크랩하는 데는 그만 한 이유가 있는 것이다. 사진기사를 유도할 때는 PR 컨셉 못지않게 취재장소가 의외로 중요하다. 큰 무리가 없다면 서울 시내 사대문 권역일 때 유리하다. 우리나라 언론사가 집결된 곳으로 사진기자들이 취재하기에 부담이 없기 때문이다.

넷째, PR은 타이밍을 놓치면 끝이다. 기자들이 가장 좋아하는 말은 '특종', '단독', '처음'이다. 기사의 타이밍이 얼마나 중요한지를 단적으로 나타내는 말이다. 따라서 기사화되기 희망하는 날짜보다 최소한 이틀 전에는 기자에게 자료를 보내는 것이 좋다. 아무리 좋은 기사라도 가장 먼저 보도하지 않는 이상 기자에게는 큰 의미가 없다.

특히 기자들은 시기적절한 기사 컨셉을 매우 좋아한다. 따라서 만약 밸런타인데이 때 사진기사를 내보내고자 한다면 적어도 2~3일 전에 서울 사대문권에서 밸런타인데이 이벤트를 열고, 이 자리에 사진기자를 초빙해야 한다. 밸런타인데이 하루 전이나 당일에 이벤트를 여는 업체는 줄잡아 수십 수백 개는 되고, 독특한 행사 역시 많을 것이다. 이들에 묻히지 않고 안정적으로 기사화하려면 이벤트 시일을 앞당겨 준비하는 것이 좋다.

다섯째, 사회공익과 기업의 사회적 책임과 연계하면 PR이 한결 쉬워진다. 자사의 상품이나 서비스가 아무리 뛰어날지라도 이를 객관적으로 기사화하기는 여간 힘든 게 아니다. 그러나 사회공익과 연계해

PR할 경우 의외로 쉽게 기사화되는 경향이 있다. 실제 여러 기업들이 사회공헌 프로젝트나 캠페인을 진행한 후 이를 기사화하고 있다.

여섯째, PR 형태의 광고물을 제작할 때는 신중을 기해야 한다. 인쇄매체 광고 가운데 상당 부분을 차지하는 '기사식 광고'가 대표적인 예다. 기사식 광고는 객관적 사실에 근거한 것처럼 글을 작성하고 편집도 일반 기사와 유사하게 해 독자들이 한참 읽다가 끝에 가서야 이것이 광고라는 사실을 알게 된다. 그러나 이러한 광고는 기사에 대한 독자들의 신뢰를 '이용'한 것이기에 잘못하면 오히려 부정적인 결과를 낳을 수도 있다.

일곱째, 매일 발행되는 매체에서 배워라. 기업의 홍보 담당자는 대개 일간지와 TV 방송 등 무수한 매체를 체계적으로 정리하고 있다. 그 자료를 교과서 삼아 벤치마킹하면 아이디어를 발굴하기가 한결 쉽다. 기사의 일부에 살을 붙이거나 시각을 달리하면 얼마든지 차별화된 PR 컨셉을 개발할 수 있다. 오늘 발행되는 매체의 PR 기사가 바로 아이디어의 근원인 것이다.

여덟째, 광고와 PR을 연계해 집행하면 더욱 효과적이다. 언론사는 크게 편집국과 광고국, 보도국으로 조직돼 있다. 일반적으로 PR 기사는 편집국에서 취급하는데, 언론사의 특성상 광고가 차지하는 매출비중이 클 수밖에 없다. 따라서 광고매체를 선정할 때 마케팅 부서와 홍보실이 공조해 PR 기사로도 연결될 수 있도록 유도하는 것이 좋다. 자사의 홍보실과 언론사 광고국 사이에 긴밀한 유대관계가 조성될 때 PR이 훨씬 쉬워진다.

전체 마케팅 전략에서 PR은 중요한 수단으로, IMC 마케팅 전략 차원에서 접근하는 것이 바람직하다. 브랜드 로열티가 이미 막강하게 형성된 1등 브랜드일수록 PR은 더욱 진가를 발휘한다. 이러한 상품에 수억 원의 광고비를 매월 투자하는 것보다는 전문 PR 대행사를 통해 지속적으로 PR을 수행하는 것이 효율적이다.

CHAPTER 15

특화된 프로모션 아이디어가 있는가

마케팅 업무는 매우 다양하고 광범위하다. CEO가 마케팅 개념을 어떻게 수용하고 규정하느냐에 따라 마케팅 업무와 조직은 천차만별로 구성될 수 있다.

일반인들은 마케팅 부서를 이해할 때 TV 광고를 만들거나 판매촉진을 지원하는 부서로 생각하고 있고, 일부 기업도 마케팅 부서의 핵심 역할을 판매촉진으로 규정하고 있다. 마케팅의 종착역이 매출액과 브랜드 로열티 강화라는 관점에서 지극히 당연한 말이다. 실제로 핵심 브랜드에 관한 중요한 프로모션 업무라면 이를 위해 전담조직을 운영하기도 하고, 필요에 따라 마케팅 브랜드매니저가 프로모션 업무를 전담할 수도 있다.

프로모션은 말 그대로 시장에서 상품이나 서비스의 브랜드 리더십이나 매출이 발생하도록 촉진하는 일련의 마케팅 활동이라 규정할 수 있다. 이러한 관점에서 마케팅 전략 하에 진행하는 모든 판촉활동은 매출 및 브랜드 로열티와 직접 연계될 수 있어야 한다.

기획이나 방안, 전략 등이 다소 탁상공론적인 성격을 띤다면, 프로모션은 마케팅 비용을 수반하는 실행업무라는 점에서 가장 생동감 있는 마케팅 업무라 할 수 있다. 따라서 프로모션 전략은 가급적 뜬구름 잡는 '썰(說)'은 배제하고 구체적이고 실행 가능한 마케팅 아이디어가 중심이 되어야 한다. 또한 프로모션을 전담하는 마케터에게는 특출한 창의력이 요구된다. STP 전략도 중요하지만 궁극적으로 프로모션 활동을 통해 매출이나 브랜드 로열티가 형성된다는 측면에서, 전술적 성격이 강한 프로모션은 어떤 마케팅 과업보다 중요한 실전이라 할 수 있다.

프로모션, 매출보다 로열티가 먼저다

마케터의 능력과 자질은 그가 시행했거나, 시행하고자 하는 판촉 아이디어를 통해 가늠할 수 있다. 마케터의 참신한 아이디어 위에 팀장의 경험이 더해 세련되게 다듬어질 때 프로모션은 빛을 발한다. 그러나 현실은 그리 녹록지 않다. 현장 마케터들에게 현업에서 가장 어려운 마케팅 과업을 꼽으라면 '차별화'와 '브랜드 네이밍'이라고 입을 모으는데, 이에 견줄 만큼 어려운 마케팅 업무가 바로 프로모션 아이디어 개발이다.

예컨대 모든 업계에서 거의 매일 진행되고 있는 '○○주년 기념 이벤트' 같은 프로모션에 획기적인 아이디어를 가미하기란 결코 쉽지 않다. 누군가가 이미 진행했거나 누구나 할 수 있는 발상으로는 고객은커녕 자신의 상사도 설득하기 어렵다. 더욱이 예산은 한정돼 있으니 마케터들의 고민은 깊어질 수밖에 없다.

또 한 가지 기억해야 할 점은, 모든 마케팅 활동이 그렇듯이 프로모션 또한 상품의 매출과 직접 연계돼 수치화되어야 한다는 것이다. 다시 말해 TV 광고를 50억 원 투하했을 때 얻을 수 있는 시장점유율이나 브랜드인지도 지표를 산정할 수 있어야 하고, 소비자 프로모션으로 2억 원의 비용이 수반되는 이벤트를 진행하고자 할 때 예상되는 참가인원과 기대되는 마케팅 효과를 계산할 수 있어야 한다는 말이다. 이 작업이 얼마나 어려운지는 직접 해보면 알 테지만, 그럼에도 실제에 근접한 수치로 기대치를 구체화해야 하는 것이 마케터의 의무다.

프로모션 진행 후 성과를 체계적으로 정리해 공유하는 것도 물론 마케터가 할 일이다. 일반적으로 비용이 수반되는 마케팅 프로모션은 사전에 반드시 문서 결재를 받은 후에 진행하지만, 프로모션을 진행한 후 성과에 대해서는 구두로 약식보고하는 경우가 많다. 그러나 마케팅 프로모션 성과는 사안을 막론하고 반드시 결과보고서를 작성한 후, 마케팅 부서 전체가 공유해야 한다. 그렇지 않으면 실패한 프로모션이 다른 팀에 의해 반복될 수 있기 때문이다. 결과를 공유함으로써 이후 똑같은 시행착오가 반복되는 사태를 예방해야 한다.

주요 매체 광고나 PR, PPL 등이 장기적인 관점에서 상품이나 서비스의 브랜드 로열티를 강화함으로써 매출을 증진시키기 위한 수단이었다면, 세일즈 프로모션 전략은 구체적인 이벤트로 단기간에 매출을 올리기 위한 활동이다. 마케팅의 궁극적인 목적은 브랜드 로열티 구축이며 이에 따라 자연스럽게 매출액이 증진되는 것인데, 일부 기업에서는 매출액만 지나치게 강조한 나머지 마케팅 부서가 세일즈 프로모션을 강구하는 부서로 전락하는 우(愚)를 범하고 있다. 브랜드 로열티를 간과하고 매출 지향적인 경영에만 집착하면 결국에는 어려움에 봉착할 수밖에 없다. 프로모션을 진행하지 않으면 매출이 발생하지 않는 악순환이 일어나기 때문이다. 마케팅의 중심에는 단연 브랜드가 있어야 한다. 따라서 마케터 또한 세일즈 프로모션을 진행할 때 브랜드 로열티를 해치지 않는 방향으로 기획해야 한다. 일시적으로 판매를 증진시키기 위한 세일즈 프로모션 활동은 마약과 같다는 점을 잊어서는 안 된다.

마케팅 프로모션 전략은 풀(pull)과 푸시(push) 전략으로 구분할 수 있다. 풀 전략이 브랜드에 초점을 맞춘 적극적인 성격의 판촉활동이라면, 시장이나 거래선을 상대로 간접적으로 소비자에게 판매를 독려하는 활동이 푸시 전략이다. 푸시 전략은 브랜드에 대한 의존도가 크지 않은 생필품 등에, 풀 전략은 브랜드 로열티가 높은 자동차 같은 제품에 주로 활용된다. 일반적으로 광고매체를 통해 프로모션 활동을 지원하는 행위가 풀 전략이고, 사은품 제공이나 이벤트 등의 판촉행사를 푸시 전략이라 할 수 있다. 풀과 푸시 전략은 어느 한쪽에 치우치지 않고 적당하게 균형을 맞춰서 진행할 때 시너지 효과가 극대화될 수 있다.

자사만의 프로모션 전략을 고민하라

이제부터는 실무에서 가장 많이 활용하고 있는 프로모션 유형에 대해 좀 더 자세히 알아보자.

소비자 프로모션 활동에서 가장 보편적으로 활용되는 전략은 사은품 행사다. 상품이나 서비스를 구매하는 모든 사람에게 제공하는 것으로, 상품 금액의 10%를 초과해 지급할 수 없다. 사은품을 제공하는 이유는 특정한 날을 기념해 고객들에게 감사한 마음을 전하는 동시에 브랜드 인지도를 높이기 위해서다.

그러나 사은행사를 전국적으로 실시하는 데는 비용 면에서 무리가 따른다. 이 때문에 특정 기한 내에 선착순 방식으로 프로모션을 진행하기도 한다. 사은품을 정할 때에는 브랜드 컨셉과 일치하는 아이템을 골라야 하며, 너무 저렴한 아이템을 선정했다가는 오히려 독이 될 수도 있다는 점을 유념해야 한다.

또 다른 프로모션 기법으로 소비자현상(closed sweepstakes)이 있다. 이것은 일정 기간 동안에 자사 상품이나 서비스를 구매한 고객을 대상으로 추첨 등을 통해 특정 고객에게 혜택을 주는 프로모션으로 기업들이 널리 사용하고 있다. 소비자현상을 진행할 때는 마케팅 기획을 잘 수립해야 한다. 진행하는 프로모션의 목표와 목적을 명확히 규정해서 프로모션을 통해 얻고자 하는 기대효과가 분명하게 드러나야 한다.

그에 따라 투입되는 비용의 규모와 프로모션 기간도 결정되기 때문이다.

여기서 중요한 것은 프로모션을 인지하고 상품이나 서비스를 구매하는 고객이 많아지도록 연계돼야 한다는 것이다. 이를 확인하는 방법은 경품에 당첨된 고객이 프로모션을 인지한 고객인지를 살피면 된다. 만약 경품에 당첨된 고객이 프로모션을 인지하지 못하고 구매한 고객이라면 프로모션 효과는 크지 않다고 판단하는 것이 옳다.

소비자현상을 진행할 때에는 몇 가지 원칙이 있다.

첫째, 타이밍이 중요하다. 프로모션을 언제 실시하느냐에 따라 결과물이 달라지기 때문이다. 더불어 프로모션 기간도 중요하다. 1주일을 진행할지, 보름이나 한 달 동안 할지에 따라 프로모션 스킬은 크게 달라질 수 있다.

둘째, 신중하게 경품을 선정해야 한다. 브랜드 컨셉에 위배되지 않고 소비자들에게 매력적이어야 한다. 1등부터 몇 등까지 경품을 줄지, 경품별 차등은 어떻게 할지에 대해서도 고민해야 하는데 가급적이면 단순할수록 좋다. 간혹 1등에서 10등까지 각기 다른 경품을 주는 프로모션 활동도 눈에 띄는데, 프로모션도 복잡하고 고객들도 이를 모두 인지하기 어렵다. 그러니 프로모션 경품은 1등만 중요하다고 생각하고, 나머지는 보조수단으로 배치하자.

셋째, 다양한 차원에서 공동 마케팅을 구상해보자. 주로 경품을 맞교환하는 방식으로 타사와 공동 마케팅을 하는데, 이 밖에 프로모션에 대한 커뮤니케이션을 진행할 때에도 공동 마케팅을 진행할 수 있을 것이다.

넷째, 행사를 기획하는 것보다 이를 고객들에게 알리는 과정이 훨씬 중요하다. 프로모션의 목적은 고객들로 하여금 대대적으로 행사에 참여하게 해 브랜드 로열티를 강화하는 것이다. 따라서 마케팅 비용을 투여해서 고객들에게 대대적으로 알리지 않으면 어렵게 준비한 행사가 내부 잔치로 끝날 가능성이 높다. 경품비용보다 커뮤니케이션에 소요되는 비용을 몇 배 많이 할당해야 한다.

마지막으로, 경품을 추첨할 때 객관적인 방법과 프로세스를 마련해야 한다. 간혹 경품추첨에 대한 사기사건이 발생하기도 하는데, 그럴 경우 기업 이미지에 치명적인 손상을 입을 수 있다.

마일리지 서비스도 좋은 프로모션 수단으로, 주로 서비스 업계에서 보편적으로 활용하고 있다. 다만 단기간에 매출액을 확보하기보다는 장기간에 걸쳐 고객의 로열티를 강화하는 수단으로 인식해야 한다. 한편으로 마일리지 서비스는 CRM 전략의 핵심이기도 하다. 즉 고객별로 차별화된 혜택을 정기적으로 제공함으로써 기존고객을 강화하는 전략인데, 마일리지 혜택을 받은 다음에 고객이 이탈할 가능성도 있기 때문에 전략적인 설계가 필요하다.

마일리지 서비스를 설계할 때는 먼저 고객을 체계적으로 등급화해야 한다. 고객별로 회사에 기여하는 수익이 다르기 때문이다. 둘째, 마일리지에 소요되는 금액을 전략적으로 설계해야 한다. 장기적으로는 회사의 부채에 해당되는 마일리지 비용을 최소화하기 위함이다. 셋째, 마일리지로 누릴 수 있는 혜택에 대해 정교하게 설계해야 한다. 마일리지를 사용할 수 있는 사용처와 상품이 적절하지 않으면 고객들의 클레임을 부를 수 있기 때문이다.

'기획상품'을 제작해 특정 유통채널에 공급하는 것도 주요 세일즈 프로모션 활동이다. 경쟁사 및 소비자 동향을 주시하면서 구매시점에 적절한 기획상품을 내놓으면 경쟁사에 강력한 진입장벽을 구축할 수 있다. 경쟁사의 제품을 사려던 고객을 자사 고객으로 끌어들이는 브랜드 전환을 유도하는 것이다. 자사제품 판매를 늘리면서 경쟁사를 초조하게 할 수 있는 일거양득의 전략이다. 그러나 이 방법을 너무 자주 사용하면 본상품 판매가 감소할 수 있고, 오랜 기간 지속할 경우 브랜드 로열티가 훼손될 수 있다. 유통채널 간에 충돌이 일어나는 문제도 있다.

기획상품을 고려할 때 가장 먼저 검토해야 하는 것이 손익이다. 특정한 상품을 번들로 묶을 수도 있고 기존 제품의 용량을 늘리는 방법도 있는데, 그에 따른 손익의 변화가 실행 유무를 결정한다.

매장 내에 포스터와 POP, 진열대를 제작하는 것도 매출을 직간접적으로 지원하는 세일즈 프로모션 수단이다.

포스터는 해당 매장에 부착할 수도 있고 구매시점에 고객에게 배포할 수도 있다. 광고모델 및 상품 특성과 연계해 효과를 극대화할 수 있는 수단으로, 패션상품의 경우 고객이 자신의 공간에 붙여놓을 수 있도록 깔끔하게 제작하면 기대 이상의 성과가 나오기도 한다. 포스터를 제작할 때에는 핵심 메시지를 정확하게 표현하는 것이 중요하다. 포스터에 너무 많은 내용과 혜택을 담으려는 욕심은 버려야 한다. 모든 것을 내세우려다 아무것도 새기지 못하는 포스터가 만들어질 수 있기 때문이다.

POP는 구매시점에 고객의 주목도를 높이면서 TV 광고 등 다른 광고물과 연계하거나 상품의 차별점을 효과적으로 전달하는 역할을 한다. 유통업체들의 규제가 심해 원하는 대로 제작하기 어려운 한계점이 있지만, 가급적 브랜드 컨셉을 짧은 시간에 효과적으로 전달할 수 있도록 만들어야 한다.

진열대는 브랜드 로열티를 강화하면서 판매도 증진시킬 수 있는 매우 유용한 수단으로 활용할 수 있다. 단 매장의 특성을 고려해 설계해야 한다. 매장에 진열대를 배치하기 위해서는 사전에 유통 바이어와 협의를 거쳐 제작해야 한다. 앤드매대를 활용한 진열대는 매출액 증진에 큰 영향을 미칠 수 있다.

뭐니 뭐니 해도 가장 파괴력 있는 세일즈 프로모션 수단은 '가격할인'이다. 담당자들은 가격할인에 대한 끊임없는 유혹을 떨쳐버리기 힘들다. 단기간의 매출에 쫓기는 경우는 특히 그렇다. 단기간에 매출액이 늘어나기 때문에 유통업체에서도 지속적으로 가격할인 프로모션을 요구하고 있다. 그러나 가격할인은 매우 위험한 프로모션 수단으로 브랜드 로열티에 치명적인 손상을 입힐 수 있다.

더욱이 가격할인은 마약과 같아서 한 번 진행한 다음에는 다시 할인하지 않으면 매출이 발생하지 않는 악순환이 발생한다. 다양한 판촉전이 전개되고 있는 국내 자동차 시장에서 직접적인 자동차 가격할인보다 '취득세 대납', '할부 혜택', '무이자' 등의 방식을 취하는 데에는 그만 한 이유가 있는 것이다. 마케터가 세일즈 프로모션을 진행하고자 할 때는 비용 대비 효율성만을 따질 것이 아니라 반드시 브랜드 로열티를 먼저 고려해야 한다. 상품의 관여도에 따라 적합한 형태의 판촉을 진행하되, 가격할인은 최후의 수단으로 유보해야 한다.

적과의 동침도 불사하라

세일즈 프로모션 전략의 일환으로 공동 마케팅이 있다. 넓은 의미에서 볼 때 공동 마케팅은 회사 대 회사가 공동 목적을 실현하기 위한 활동으로 볼 수 있다. 오늘날 공동 마케팅은 업계 혹은 국경을 초월해 진행되고 있으며 심지어 경쟁업체와도 '적과의 동침'이란 이름으로 활발하게 이루어지고 있다. 아울러 PR을 진행할 때에도 양사가 공동으로 진행한다면 좀 더 효과적으로 목표를 달성할 수 있다. 기자들은 한 회사의 단독기사보다 업계 전반의 정보를 원하기 때문이다.

공동 마케팅이 현업에서 중요한 마케팅 수단으로 부각되는 이유는 한 가지, 시너지를 극대화할 수 있기 때문이다.

성공적인 공동 마케팅을 수행하기 위해서는 마케터가 넓은 시야를 갖고 거시적인 측면에서 사회 변화와 업계 동향을 지속적으로 주시해야 한다. 책상 앞에서만 머리를 쥐어짜봐야 탁월한 공동 마케팅 아이디어를 창안할 수 없다. 업계의 경계를 넘어 다양한 업계의 정보와 인맥을 가지고 있어야만 파트너 간 시너지를 창출하는 아이디어를 발굴할 수 있다.

공동 마케팅을 실행할 때에는 마케팅 중역이나 팀장의 역할이 특히 중요하다. 아직은 국내에서 진행되고 있는 대부분의 공동 마케팅이 실무자들로부터 추진되기보다는 기업과 기업이 상부에서 연결돼 톱다운 방식으로 이루어지기 때문이다. 그러나 최근에는 뛰어난 실무자들이 아이디어를 도출하고 경영진이 연결하는 상향식 공동 마케팅도 활발하게 진행되고 있다.

공동 마케팅은 업종 간 결합형태에 따라 '공생 마케팅'과 '하이브리드 마케팅'으로 구분할 수 있다. 하이브리드 마케팅은 우리가 알고 있는 가장 일반적인 공동 마케팅 형태로 이업종 간 진행되는 것을 말하고, 공생 마케팅은 경쟁관계의 동종 업계 간 협업하는 것이다. 업종이 다른 기업들끼리의 제휴로 전개되는 하이브리드 마케팅은 동일한 타깃을 공략하는 만큼 비용을 줄일 수 있으며 흥미를 유발하기 쉽다는 장점이 있다. 동원F&B, 롯데햄, CJ 등이 백화점 매장에서 공동으로 매대를 임대해 판촉활동을 수행하는 것과 호텔들이 공동으로 제휴카드를 발급해 사용한 사례, 그리고 백화점들이 자사 상품권을 다른 백화점에서 공동으로 사용하는 것은 공생 마케팅에 해당한다.

국내 제약업계는 경쟁이 매우 치열한 시장으로 수백 개의 국내 기업과 다국적 기업들이 경합하는 데다 유통경로와 구성원이 수시로 변경되는 것으로 유명하다. 이런 특성 때문에 국내 제약시장은 '어제의 적이 오늘의 동지가 되고, 오늘의 동지가 내일의 적'이 되면서 다양한 형태의 제휴와 공동 마케팅이 전개되고 있다. 최근 모바일의 활성화로 공동 마케팅은 더욱 활발히 진행되고 있는데 인터넷 포털 서비스 업체들은 온라인쇼핑몰 업체에 링크서비스를 제공하고 매출액의 일정 부분을 공유하는 등, 각종 제휴 프로그램이 다양하게 활용되고 있다.

식품업계에서의 공동 마케팅도 빈번하게 일어나고 있다. 스타벅스와 동서식품은 눈에 띄는 공동 마케팅 사례다. 맥심, 카누 등을 생산하는 동서식품은 엄밀히 말하자면 커피전문점인 스타벅스와 경쟁관계다. 하지만 스타벅스는 동서식품과 경쟁하기보다 파트너십을 체결해 국내에 자사 병커피를 유통하고 있다. 이로써 별다른 유통망 구축 없이도 국내시장에 안착할 수 있었다. 물론 동서식품 역시 제품개발 없이 스타벅스 병커피를 위탁제조, 판매함으로써 경제적 이득을 보았기에 양쪽 모두가 효과를 본 케이스라고 할 수 있다.

팔도의 공동 마케팅도 톡톡한 효과를 본 사례다. 2013년 팔도는 자사의 상품 비빔면과 동원 F&B의 골뱅이를 함께 먹는다는 '골빔면' 마케팅을 통해 전년 대비 35%가 넘는 매출신장을 주도했다.

오늘날 마케팅 업무영역을 명확히 구분하는 것이 무의미한 것과 마찬가지로, 마케팅 프로모션 영역도 매우 다양하고 광범위해지고 있다. 공동 마케팅이 특히 그러하다. 따라서 공동 마케팅을 진행할 때는 광고를 제작할 때나 제품을 개발할 때, 유통경로를 설계할 때를 막론하고 모든 마케팅 업무를 진행할 때 포괄적으로 접근하는 것이 바람직하다.

그렇다면 효과적인 공동 마케팅을 전개하기 위한 아이디어 원천은 어디일까? 우리가 매일 접하는 경제지나 일간지에서 찾을 수 있다. 실제로 공동 마케팅 사례는 업계를 불문하고 거의 매일 신문지상에 보도되고 있는데, 그동안 보도된 사례들만 보아도 다양한 각도에서 시사점을 얻게 될 것이다. 업계를 불문하고 모든 마케터들은 공통된 고민을 하고 있기에, 자신이 담당하는 서비스나 상품 영역에 국한하지 말고 열린 마음으로 외부의 경험적 지혜를 빌린다는 마음으로 공동 마케팅에 접근해야 한다. 이를 위해서는 아무래도 폭넓은 대인관계가 도움이 된다.

트렌드에 맞는 프로모션을 하라

프로모션 업무를 규정할 때에는 중요한 원칙이 있다. 자사만의 특화된 프로모션을 개발하는 것과, 이슈가 되고 있는 기술의 발달을 적극적으로 마케팅에 결합해야 한다는 것이다.

인류가 불을 발견한 이래 최고의 걸작이라 불리는 인터넷은 혁명에 가깝다. 인터넷은 이미 생활의 일부로 확고하게 자리 잡았고 모바일 없는 세상은 이제 생각할 수 없게 되었다. 급변하는 디지털 환경은 미래를 더욱 예측하기 어렵게 만들고 있다. 모바일 환경에서 개인이 언제라도 직접 콘텐츠를 생산할 수 있게 되었고, 첨단 정보통신과 멀티미디어 기술이 융합된 새로운 패러다임이 등장하고 있다. 개인 미디어가 생겨나면서 기존 언론사의 위상이 허물어지는 반면, 똑똑해진 소비자들의 위상은 소셜 네트워킹의 확대로 점점 막강해지고 있다.

인터넷이 도입될 당시만 해도 마케팅 담당자들은 주로 인터넷 광고에 관심이 많았다. 네이버나 다음, 야후 같은 포털사이트에 광고를 올려 브랜드를 홍보하는 수단으로 바라본 것이다. 인터넷 주 사용자와 타깃이 일치하는 상품일수록 인터넷에서 진행하는 프로모션은 더욱 효과적이다. 인터넷은 마케팅에서 커뮤니케이션의 수단인 동시에 매출을 달성할 수 있는 획기적인 채널이다.

더구나 우리나라는 세계 최고 수준의 정보통신망을 구축하고 있다. 전자정부를 표방한 정부의 정책에 힘입어 전국적으로 초고속망을 구축해 보급률도 최고 수준이다. 그에 따라 가장 먼저 보편화된 방식이 이메일 마케팅이다. 기업에서 인터넷을 활용해 가장 손쉽게 접근할 수 있는 마케팅이 이메일로, CRM이 성공적으로 정착될 수 있었던 배경도 비용이 저렴한 이메일이 가능했기 때문이다. 실제로 신용카드사나 이동통신사, 보험사, 증권사 등은 요금청구서를 이메일로 발송하며 매월 수십억 원의 비용을 절감하고 있는데, 국가적인 차원으로 환산할 경우 수백억 원에 달하는 비용이다.

다만 이메일 마케팅에서 주의할 점이 있다. 일방적인 광고나 정보의 전달에서 탈피한 쌍방향 커뮤니케이션이 이루어질 수 있도록 고객들의 참여를 유도해야 한다는 것이다. 이메일을 불특정 다수에게 무분별하게 발송할 경우 오히려 고객들에게 부정적인 영향을 미칠 수 있다.

무엇보다 인터넷의 가장 큰 장점은 쌍방향 소통이 가능하다는 점이다. 그런 점에서 브랜드와 연계된 재미있는 게임이나 동영상을 제작해 인터넷상에 유포하는 방법도 종종 쓰인다. 트위터나 페이스북, 블로그 같은 SNS 활용이 이미 보편화되었기에 여기에 참신한 아이디어가 가미된 콘텐츠로 상품을 홍보한다면 기대 이상의 성과를 거둘 수 있다. 이는 인터넷의 장점인 수확체증의 법칙을 전략적으로 활용하는 전략이다. 콘텐츠가 흥미롭고 재미있으면 다른 사람에게 자연스럽게 전파되고, 단기간에 입소문을 탈 수 있다.

가장 중요한 것은 기발한 아이디어이다. 브랜드가 추구하는 상업적 목적을 최소화하면서 네티즌의 거부감을 없애야 한다. 이러한 요건이 충족되면 네티즌의 자발적인 참여가 뒤따라 소셜마케팅의 성공작으로 떠오를 수 있다.

회사 홈페이지와 별개로 개별 브랜드의 사이트를 구축하는 것도 효과적인 전략이다. 패션이나 화장품처럼 감각적인 상품이나 금융, 아파트 브랜드 등은 소비자와 직접 커뮤니케이션해야 효과적이므로 개별 사이트를 전향적 관점에서 검토해야 한다. 브랜드 사이트는 목적에 따라 브랜드 파워를 높이기 위해 운영하거나 매출을 고려해 판매 중심으로 운영한다. 초기에는 브랜드 중심으로 출발했다가 커뮤니티가 활성화되면서 상품을 판매하는 영역으로 자연스럽게 확대되기도 한다.

최근 출시되는 브랜드들의 경우 대부분 단독 홈페이지를 구축하고 있다. 기업 홈페이지 안에서 제품소개 위주로 운영되던 관행에서 탈피한 긍정적인 변화다. 개별적으로 사이트를 구축해 운영하려면 별도의 비용과 시간이 소요되겠지만 그만큼 브랜드 가치를 올릴 수 있다. 더욱이 지금은 스마트폰의 확대로 소셜미디어가 급속히 팽창하고 있다. 블로그나 트위터, 페이스북, 인스타그램 등에서 별도로 브랜드 계정을 만들어 운영하지 않으면 매스미디어에 포괄되지 않는 수많은 잠재 고객을 놓칠 수 있다. 개별 브랜드 계정을 운영하는 것이 기업의 이미지 제고 측면에서도 유리하다.

모바일이 활성화되면서 마케팅에도 거센 파도가 휘몰아치고 있다. 합리적이고 편리한 쇼핑을 위해 조금 번거롭더라도 오프라인 매장에서 상품을 확인하고 저렴한 온라인에서 구매하는 소비자들도 늘어나고 있다. 이미 온라인에 익숙한 사람들에겐 전혀 낯설지 않은 소비 행태로 '쇼루밍족'이라 일컫는 이들에게 오프라인 매장은 그저 상품을 전시하는 '쇼룸'일 뿐이다. 이러한 현상을 반영해 옴니채널 환경을 구축하는 기업도 늘고 있다. '모든 것'을 뜻하는 옴니(omni)와 채널(channel)이 합쳐진 신조어인 옴니채널(omni-channel)은 한마디로 온라인과 오프라인을 유기적으로 결합한 쇼핑체계로, 백화점과 마트, TV, 모바일 등 온·오프라인 매장을 융합해 소비자가 언제 어디서든 다양한 유통경로를 통해 동일한 상품과 서비스를 구매할 수 있도록 한 서비스를 말한다.

이렇듯 채널환경에 대응하는 것과 마찬가지로 SNS마케팅에서도 이에 상응한 대응이 절실한 때다.

SNS 마케팅이란 온라인상에서 불특정 다수와 맺을 수 있는 네트워킹 서비스로 페이스북, 트위터, 인스타그램 등이 대표적인 수단이다. SNS 마케팅은 기존 블로그나 카페, 미니홈피 등의 커뮤니티 마케팅과 콘텐츠 확산을 통해 브랜드 이슈를 만드는 바이럴 마케팅이 있다. SNS 마케팅의 가장 큰 장점은 전통적인 마케팅 기법이 고객과 커뮤니케이션을 하는 데 엄청난 비용과 시간이 소요되는 반면, 정확한 타기팅을 통해 저렴한 비용으로 신속한 피드백을 언제든지 수행할 수 있다는 점이다. 이러한 차원에서 SNS 마케팅은 거의 혁명에 가깝다. 이미 주위에서 SNS 마케팅을 통해 성공한 중소기업이나 상품, 서비스 사례 등도 흔하게 목격할 수 있다. 예전에는 상상할 수도 없었던 일이 SNS를 통해 전개되고 있는 것이다.

이미 SNS가 마케팅에서 거대한 트렌드로 자리 잡은 만큼, 모든 마케팅 활동에 SNS를 활용한 전략을 고민해야 한다. SNS 마케팅을 설계할 때는 지켜야 할 몇 가지 원칙이 있다.

첫째, 자사의 마케팅 환경과 적합한 채널을 확정해야 한다. 예컨대 산업재냐 소비재냐에 따라 마케팅 환경은 달라질 수밖에 없다. 페이스북이나 블로그, 카카오스토리 등을 구성하고 있는 고객의 특성은 서로 다르기 때문에 자사의 상품이나 서비스에 적합한 SNS 채널을 확정해 집중하는 것이 좋다.

둘째, 체리피커(cherry picker)를 염두에 두고 프로모션을 설계해야 한다. SNS가 활성화되면서 상품이나 경품만을 노리고 집중적으로 응모하는 고객들이 많아지고 있다. 이들을 상대로 경품행사를 진행하는 것은 무의미한 일이다. 이 때문에 프로모션의 세부 실행방안(scheme)을 과학적으로 설계해야 한다. 한 번 당첨된 고객에게는 일정 기간 동안 경품을 제한하거나 응모횟수를 제한하는 것도 방안이다.

셋째, 비용 대비 효율성을 감안해 프로모션을 설계해야 한다. 단발성으로 진행하는 프로모션보다는 장기적인 안목으로 설계하는 전략이 필요하다. 어느 프로모션이나 이벤트든 휘발성으로 끝나는 행사로는 고객의 로열티를 확보하기 어렵다. 자사만의 특화된 프로모션 컨셉을 개발해 장기적인 안목을 갖고 육성하는 것이 바람직하다. 단순히 남들이 하니까 우리도 한다는 마음가짐이라면 곤란하다.

넷째, 우수한 인재를 확보해야 한다. 최근에 SNS 마케팅이 화두가 되면서 다양한 분야에서 전문가들이 왕성하게 활동하고 있다. 발 빠른 기업들은 SNS 마케팅 전담조직을 구축해 효율을 극대화하고 있다. 우수한 인재 확보야말로 SNS 마케팅을 성공시키는 출발점임을 명심해야 한다.

'대륙의 실수'라 불리며 중국을 뛰어넘어 전 세계를 장악해가고 있는 샤오미는 SNS 마케팅을 가장 잘 활용하는 기업으로 꼽힌다. 샤오미는 일반 기업들이 하는 것처럼 TV 광고나 홍보를 하는 대신 '입소문 마케팅'을 적극적으로 활용한다. 또한 대부분의 기업이 SNS를 대행사나 담당 직원에게 맡기는 것과 달리 샤오미는 100명 이상의 전담조직을 꾸려 소비자들의 목소리를 적극적으로 반영하고 있다. 샤오미의 경우 전체 매출에서 마케팅이 차지하는 비용은 놀랍게도 1%밖에 되지 않는다고 한다. 오늘날 샤오미의 성공은 직원들의 소셜 DNA 덕분이라 해도 과언이 아니다.

SNS 마케팅을 진행할 때 반드시 염두에 둬야 할 점은 소셜 마케팅의 '본질'이 다른 마케팅과 다르지 않다는 것이다. 형식은 달라도 '소비자의 마음을 얻는다'는 목표는 동일하다. 자사의 상품이나 서비스에 대한 홍보창구가 아닌 고객과 진심으로 소통한다는 마음으로 SNS 마케팅을 진행한다면 분명 만족스러운 성과를 거둘 수 있을 것이다.

마케팅은 '살아 움직이는' 것이다

마케팅이 무엇일까?

P&G와 함께 '마케팅 사관학교'라 꼽히는 유니레버에서는 마케팅을 '소비자 욕구를 발견해내고, 그 욕구를 충족시키는 일련의 경영 프로세스'로 정의한다. 여기서 주목할 것은 반드시 '이익을 창출하는(profit taking)' 과정이라는 것이다. 누구나 당연하게 받아들이겠지만, 사실상 마케팅 교과서의 정의에는 '이익'에 대한 언급이 나오지 않는다. 유니레버라는 영리조직에서 실무자가 만들었기에 '이익'이 포함된 것이다. 역시 실무자다운 접근이다. 즉 이익을 내지 않으면 나머지는 다 '썰(說)'에 불과하다.

실로 수많은 석학들이 마케팅에 대한 정의를 내렸는데, 정의마다 조금씩 다 다르다. 어느 정의를 옳다고 꼬집어 말하는 것은 별 의미 없을

듯하다. 다 나름의 관점에서 옳기 때문이다. 중요한 것은 마케팅이란 활동에서 어떻게 리더십을 발휘해서 고객을 끌어들이고, 그럼으로써 어떻게 이익을 가져올 것이냐다.

나도 마케팅 공부를 제법 했고 현장에서 잔뼈가 굵었으니 나름대로 내린 마케팅 정의가 있다. 마케팅을 한번 써보면 된다. 'marketing'은 시장(market)에 현재진행형(ing)이 결합한 형태다. 말 그대로 시장을 움직이는 것이 마케팅이다. 시장은 가만 놔두면 움직이지 않는다. 가만히 있는 것을 움직이게 하려면 리더십이 필요하다. 강력한 마케팅 리더십 말이다.

예를 들어보자. 다이어트 시장은 분명히 있지만 움직이지 않는다. 그런데 여기에 한 여성이 마케팅을 하기 시작한다. 높은 부가가치를 창출하고, 거기에 싸지 않은 가격을 붙인다. 그러자 폭발적인 움직임이 일어나기 시작한다. 구매력 있는 여성들이 이 업체에 몰리기 시작하면서 짧은 기간에 대한민국 일류기업이 되었다. 다이어트 업체 쥬비스그룹 이야기다.

강연 요청이 들어와서 알게 된 쥬비스그룹은 놀라운 기업이었다. 다이어트 컨설팅으로 전국에 20여 지점을 운영하고 몇 년째 50%에 육박하는 성장세를 보이며 무섭게 커나가고 있다. 젊은 여성이 어떻게 저렇게 빠른 속도로 움직이지 않는 시장을 움직였을까. 기가 막히다고 생각했다.

이처럼 움직이지 않는 시장에 'ing'를 붙여서 움직이게 만드는 것이 마케팅이다. 간단하다. 마케팅은 살아 움직일 때 의미가 있다. 수십 억 원을 쏟아붓는 전면전이든, 작은 홍보물을 만들어 알리는 국지전이든, 마케팅의 모든 활동은 책상이 아니라 현장에서 살아 움직여야 한다. 이 모든 활동을 진두지휘하는 것이 다름 아닌 리더의 역할이다.

이를 위해 리더는 두 가지만 하면 된다. 새로운 것에 도전하고, 조직에 변화를 주는 것. 도전하고 변화를 주다 보면 크리에이티브는 자동적으로 따라올 수밖에 없다. 21세기를 살아가려면 이 3C, 도전(challenge)과 변화(change), 크리에이티브(creative)가 있어야 한다. 그리고 또 하나, 낙천적 자세를 잃지 말아야 한다. '안 될 거야'라고 생각했을 때 일이 제대로 된 적이 있었던가? 거의 없을 것이다.

쥬비스그룹의 놀라운 행보를 목도하면서 조성경 대표에게도 몇 번 물어봤다. 어떤 생각으로 창업이라는 큰일을 벌였는지. 그랬더니 돌아온 대답이 '안 된다고 생각했던 적이 한 번도 없었다'고 했다. 위기가 닥쳤다? 그걸 기회로 삼았다고 한다. 위기가 또 닥쳤다? 그걸 또 기회로 삼았다는 것이다. 이것이야말로 리더가 잊지 말아야 할 자세 아니겠는가.

낙천주의자는 절망 속에서도 기회를 보는 법. 어디서든 기회는 나타난다는 것을 잊지 않는다면, 험난한 마케팅 여정에서도 실수를 줄이고 올바른 전략과 방식을 찾아갈 수 있을 것이다. 모쪼록 이 책에서 말한 내용이 죽은 글자로 묻히지 않고 여러분의 마케팅 현장에서 생생하게 살아날 수 있기를 바란다.

저자 소개

조서환

조서환마케팅그룹 대표. '마케팅의 살아 있는 전설'이라 불리는 그는 대한민국에서 가장 공격적인 문무겸장 마케터로 유명하다. 30년 넘는 시간을 마케팅 현장에 있으면서 애경 하나로 샴푸, 2080 치약 등 수많은 히트 브랜드를 탄생시켰고, KTF '쇼(SHOW)' 브랜드의 현장 마케팅 달인으로도 잘 알려져 있다.

경희대 영문과를 나와 동 대학에서 경영학 석사와 박사학위를 받고, 경희대에서 겸임교수를 역임했다. 애경-영국 유니레버 마케팅 전략팀장, 미국 다이알 사 마케팅 이사, 스위스 로슈 사 마케팅 이사를 거쳐, 다시 애경산업으로 돌아가 마케팅 상무를 역임했다. 이후 KTF 마케팅 전략실장 상무로 자리를 옮겨 전무, 부사장을 역임했다. 이후 2010년 초 중국으로 넘어가 저돌적인 글로벌마케팅을 선보여 짧은 시간 내에 화장품 브랜드 다수를 안착시켰다. 그 후 오랫동안 본인이 꿈꾸던 '조서환마케팅그룹'을 창설해 각 기업들을 대상으로 마케팅 컨설팅을 하는 동시에, 마케팅경영CEO 과정을 개설해 후학 양성에도 열정을 불태우고 있다.

한국 마케터협회장, 대한상공회의소 마케팅연구회장과 능률협회 마케팅평의회 의장을 지냈으며, 250명의 회원으로 이뤄진 사단법인 아시아태평양 마케팅포럼을 창설해 회장을 맡고 있다. 전경련 우수 강연상, 전경련 경영인 대상, 능률협회 경영인 대상, 경희대 경영인 대상, 매경&카이스트 최우수 논문상, 전경련 GBS 최우수 영문 에세이 상을 수상했다.《근성 : 같은 운명, 다른 태도》,《모티베이터》,《한국형 마케팅》(공저),《대한민국 일등상품 마케팅전략》(공저),《14인 마케팅 고수들의 잘난척 하는 이야기》(공저) 등을 저술했다.

추성엽

연세대 경영대학원을 졸업하고, CJ홈쇼핑㈜ 전략마케팅팀을 거쳐 애경㈜과 현대카드㈜에서 마케팅팀장을 역임했다. 홈크리닉, CJ몰, 가맹점주 대상 현대카드M, VVIP카드 더 블랙(The Black), 슈퍼세이브(Super Save) 등의 개발과 마케팅에 참여했으며, 현재는 그동안 제조, 유통, 서비스업에서 일한 마케팅 경험을 기반으로 No.1 Brand 대표 컨설턴트로서 블루오션 신상품 개발 및 마케팅전략 교육과 강연에 주력하고 있다. 저서로는《한국형 마케팅》(공저),《대한민국 일등상품 마케팅전략》(공저),《히트상품을 만드는 마케팅 엔진》,《100권 읽기보다 한 권을 써라》,《현대카드처럼 마케팅하라》 등이 있다.